学ぶ人は、
変えてゆく人だ。
JN040990

もくじ

教科書対照表 下記専用サイトをご確認ください。

https://www.obunsha.co.jp/service/teikitest/

STAFF

編集協力	有限会社マイプラン（広川千春　芦原瑞菜）／入江泉
校正	石川道子／笠井喜生（e.editors）／敦賀亜希子／株式会社東京出版サービスセンター
英文校閲	Jason Andrew Chau
装丁デザイン	groovisions
本文デザイン	大滝奈緒子（ブラン・グラフ）

本書の特長と使い方

本書の特長

1. STEP 1　**要点チェック**，STEP 2　**基本問題**，STEP 3　**得点アップ問題**の3ステップで，段階的に定期テストの得点力が身につきます。

2. スケジュールの目安が示してあるので，定期テストの範囲を1日30分×7日間で，計画的にスピード完成できます。

3. コンパクトで持ち運びしやすい「+10点暗記ブック」&赤シートで，いつでもどこでも，テスト直前まで大切なポイントを確認できます。

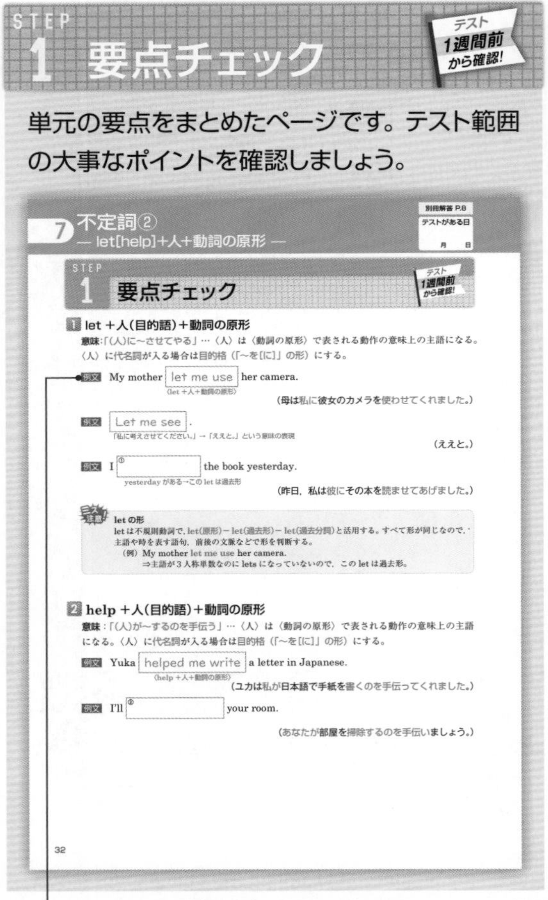

STEP 1 要点チェック　テスト1週間前から確認!

単元の要点をまとめたページです。テスト範囲の大事なポイントを確認しましょう。

別冊解答 P.8　テストがある日　月　日

7 不定詞②
— let[help]+人+動詞の原形 —

STEP 1 要点チェック　テスト1週間前から確認!

1 let +人(目的語)+動詞の原形

意味:「(人)に〜させてやる」…〈人〉は〈動詞の原形〉で表される動作の意味上の主語になる。〈人〉に代名詞が入る場合は目的格(「〜を[に]」の形)にする。

例文 My mother [let me use] her camera.
(let +人+動詞の原形)
(母は私に彼女のカメラを使わせてくれました。)

例文 [Let me see].
「私に考えさせてください。」→「ええと。」という意味の表現
(ええと。)

例文 I [①　　　] the book yesterday.
yesterday がある→この let は過去形
(昨日，私は彼にその本を読ませてあげました。)

ミス注意! let の形
let は不規則動詞で，let(原形)− let(過去形)− let(過去分詞)と活用する。すべて形が同じなので，主語や時を表す語句，前後の文脈などで形を判断する。
(例) My mother let me use her camera.
⇒主語が3人称単数なのに lets になっていないので，この let は過去形。

2 help +人(目的語)+動詞の原形

意味:「(人)が〜するのを手伝う」…〈人〉は〈動詞の原形〉で表される動作の意味上の主語になる。〈人〉に代名詞が入る場合は目的格(「〜を[に]」の形)にする。

例文 Yuka [helped me write] a letter in Japanese.
(help +人+動詞の原形)
(ユカは私が日本語で手紙を書くのを手伝ってくれました。)

例文 I'll [②　　　] your room.
(あなたが部屋を掃除するのを手伝いましょう。)

32

「要点チェック」の大事なポイントを，一部なぞり書きをしたり，書き込んだりして整理できます。

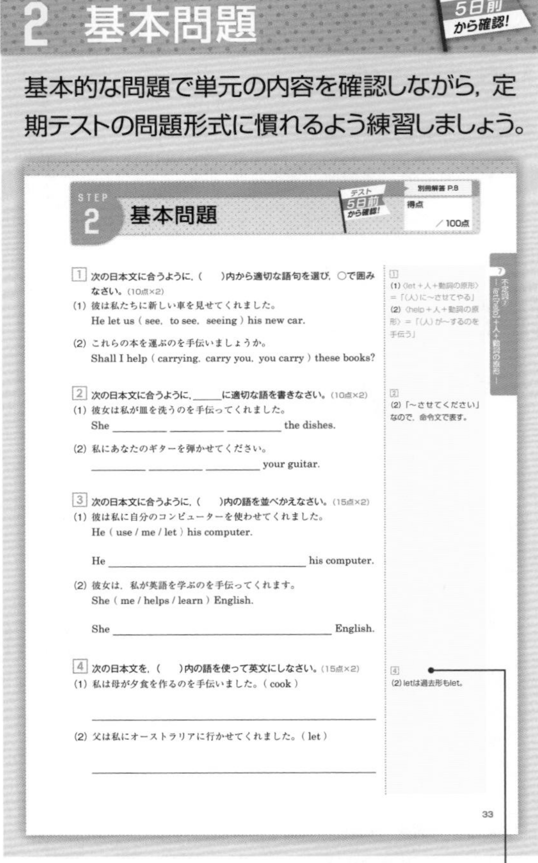

STEP 2 基本問題　テスト5日前から確認!

基本的な問題で単元の内容を確認しながら，定期テストの問題形式に慣れるよう練習しましょう。

STEP 2 基本問題　テスト5日前から確認!　別冊解答 P.8　得点　／100点

1 次の日本文に合うように，(　　)内から適切な語句を選び，○で囲みなさい。(10点×2)
(1) 彼は私たちに新しい車を見せてくれました。
He let us (see, to see, seeing) his new car.
(2) これらの本を運ぶのを手伝いましょうか。
Shall I help (carrying, carry you, you carry) these books?

2 次の日本文に合うように，＿＿に適切な語を書きなさい。(10点×2)
(1) 彼女は私が皿を洗うのを手伝ってくれました。
She ＿＿ ＿＿ ＿＿ the dishes.
(2) 私にあなたのギターを弾かせてください。
＿＿ ＿＿ ＿＿ your guitar.

3 次の日本文に合うように，(　　)内の語を並べかえなさい。(15点×2)
(1) 彼は私に自分のコンピューターを使わせてくれました。
He (use / me / let) his computer.
He ＿＿＿＿ his computer.
(2) 彼女は，私が英語を学ぶのを手伝ってくれます。
She (me / helps / learn) English.
She ＿＿＿＿ English.

4 次の日本文を，(　　)内の語を使って英文にしなさい。(15点×2)
(1) 私は母が夕食を作るのを手伝いました。(cook)
＿＿＿＿
(2) 父は私にオーストラリアに行かせてくれました。(let)
＿＿＿＿

1
(1) 〈let +人+動詞の原形〉=「(人)に〜させてやる」
(2) 〈help +人+動詞の原形〉=「(人)が〜するのを手伝う」

2
(2)「〜させてください」なので，命令文で表す。

4
(2) letは過去形もlet。

7 不定詞② — let[help]+人+動詞の原形 —

33

わからない問題は，右のヒントを見ながら解くことで，理解が深まります。

アイコンの説明

これだけは覚えたほうがいい内容。

テストによくでる内容。
時間がないときはここから始めよう。

テストで間違えやすい内容。

難しい問題。
これが解ければテストで差がつく！

その単元のポイントをまとめた内容。

実際の入試問題。定期テストに
出そうな問題をピックアップ。

STEP 3 得点アップ問題

テスト3日前から確認！

単元の総仕上げ問題です。テスト本番と同じように取り組んで，得点力を高めましょう。

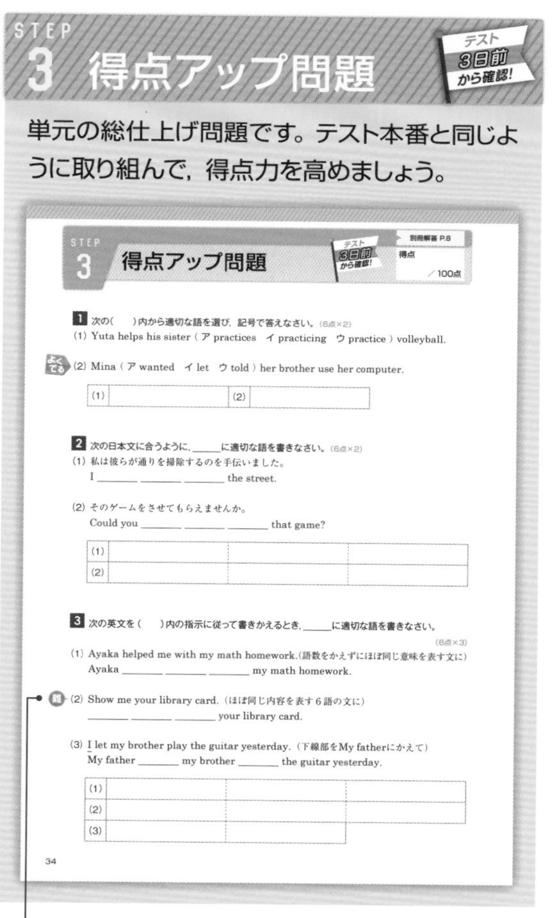

アイコンで，問題の難易度などがわかります。

定期テスト予想問題

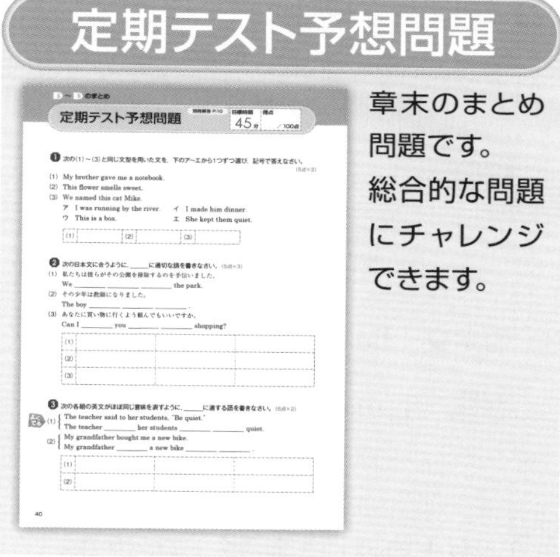

章末のまとめ問題です。総合的な問題にチャレンジできます。

+10点 暗記ブック

コンパクトで，テスト当日の確認にピッタリ！赤シート付き。

1 受け身

テストがある日　　月　　日

STEP 1 要点チェック

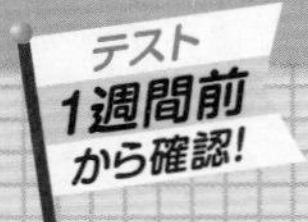

1 受け身の基本

① **意味**：「～される」，「～されている」

② **基本形**：〈be 動詞＋過去分詞〉…be 動詞は主語の人称や数，文が表す時によって形をかえる。「～によって」と，動作をする人を表すときは，〈by ＋人〉を使う（表す必要がない場合は省略可能）。

例文 This room is used by Tom .（この部屋はトムによって使われています。）
〈be 動詞＋過去分詞〉　動作をする人

2 受け身の疑問文・否定文

① **疑問文**：be 動詞を文頭に置き，〈be 動詞＋主語＋過去分詞(＋ by ＋人～?)〉とする。答えるときは be 動詞を使って，〈Yes, 主語＋ be 動詞 .〉／〈No, 主語＋ be 動詞＋ not.〉と答える。

例文 Is this room used by Tom ?（この部屋はトムによって使われているのですか。）
be 動詞　主語　〈過去分詞＋ by ＋人〉
— Yes, it is.／No, it isn't[is not].（はい，使われています。／いいえ，使われていません。）

② **否定文**：be 動詞のあとに not を置く。

例文 This room is not [isn't] used by Tom.
（この部屋はトムによって使われていません。）

3 受け身の過去形・未来形

① **受け身の過去形**

意味：「～された」，「～されていた」

基本形：〈was[were]＋過去分詞〉…be 動詞は過去形(was / were)を使う。

② **受け身の未来形**

意味：「～されるだろう」，「～される(予定だ)」

基本形：〈主語＋ will be ＋過去分詞〉

4 受け身を使った重要表現

- be covered with ～（～でおおわれている）
- be impressed with[by] ～（～に感銘を受ける）
- be known to ～（～に知られている）
- be made of ～（～(材料)で作られている）
- be born（生まれる）
- be filled with ～（～でいっぱいである）
- be interested in ～（～に興味がある）
- be made from ～（～(原料)から作られる）
- be surprised at[by] ～（～に驚く）

STEP 2 # 基本問題

別冊解答 P.1

得点

／100点

1 次の日本文に合うように，(　　)内の語を適切な形になおしなさい。ただし，1語とは限りません。(10点×3)

(1) そのゲームはたくさんの子どもたちによって遊ばれています。
The game is (play) by many children. [　　　　　]

(2) これらの本は英語で書かれています。
These books are (write) in English. [　　　　　]

(3) これらの料理は弟によって作られました。
These dishes were (make) by my brother. [　　　　　]

2 次の日本文に合うように，_____に適切な語を書きなさい。(10点×4)

(1) この寺は多くの人々によって訪れられていますか。
__________ this temple __________ __________ many people?

(2) その国では英語が話されていません。
English __________ __________ in that country.

(3) この部屋は明日，使われるでしょう。
This room __________ __________ __________ tomorrow.

(4) 彼は1600年にオーストラリアで生まれました。
He __________ __________ in Australia in 1600.

3 次の日本文に合うように，(　　)内の語句を並べかえなさい。ただし，文頭にくる単語も小文字にしてあります。(15点×2)

(1) このマンガは多くの人々に読まれています。
(is / people / this manga / by / many / read).

____.

(2) あなたはそのニュースに驚きましたか。
(you / at / were / the news / surprised)?

____?

1
「～され(てい)る，～された」は受け身〈be動詞＋過去分詞〉で表す。
(2)(3) write と make の過去分詞は，どちらも原形を不規則に変化させて作る。

2
(1)(2)受け身の疑問文は be動詞を主語の前に置いて作り，否定文は be動詞のあとに not を置いて作る。
(3)「～でしょう」は助動詞 will を使って表す。

3
(2) be surprised at ～「～に驚く」を使った疑問文。

STEP 3 得点アップ問題

別冊解答 P.1

得点　　／100点

1 次の日本文に合うように，____に適切な語を書きなさい。(6点×4)

(1) 今日の夕飯はケンタによって作られました。
Today's dinner ________ ________ ________ Kenta.

(2) この学校では，フランス語は教えられていません。
French ________ ________ ________ at this school.

(3) この家はあなたのおじいさんによって建てられたのですか。
________ this house ________ ________ your grandfather?

(4) 私はその本に感銘を受けました。
I ________ ________ with the book.

(1)			
(2)			
(3)			
(4)			

2 次の英文を(　　)内の指示にしたがって書きかえるとき，____に適切な語を書きなさい。
(6点×3)

よくでる (1) The students clean <u>the classrooms</u> every day.（下線部を主語にした受け身の文に）
The classrooms ________ ________ ________ the students every day.

(2) We will find <u>the cat</u> soon.（下線部を主語にした受け身の文に）
The cat ________ ________ ________ soon.

難 (3) This machine was invented <u>about 400 years ago</u>.（下線部が答えの中心となる疑問文に）
________ ________ this machine ________ ?

(1)			
(2)			
(3)			

難 **3** 次の日本文に合うように，(　　)内の語句を並べかえなさい。ただし，不足している1語を補うこと。また，文頭にくる単語も小文字にしてあります。(10点×2)

よくでる (1) 彼女はこの町のみんなに知られています。
(is / this town / she / in / everyone / known).

(2) 床は水びたしになっていました。　(water / was / the floor / covered).

(1)	.
(2)	.

4 次のアスカ (Asuka) が書いた英文を読んで，あとの問いに答えなさい。

Do you study English every day? Now, English is one of the most important languages in the world. Even in Japan, it's ①(study) in many places. Some people study it for their jobs, and some people do so for their dreams. But some people don't think they need to learn English because they can live without it. I had ②the same idea before, too. But ③one experience changed my idea.

One day, I was going to a supermarket. Then, a man came to me and said in English, "Excuse me. I'd like to go to Aoba Library. Could you tell me how to get there?" I knew the library, but I couldn't tell him the way because I wasn't good at ④(speak) English. Then, a woman came and told him how to get to Aoba Library in English. He thanked the woman and went to the library. He looked very happy then.

From this experience, I learned that English can be used to help other people. I won't stay in another country in the future, but I may have a chance to meet people like that man. So I study English hard now to become able to help them.

(1) ①・④の(　　)内の語を適切な形になおしなさい。(4点×2)

(2) 下線部②の内容を次のように表すとき，(　　)に適する日本語を書きなさい。(完答10点)
(a)(　　　　　　　　　　)ので，(b)(　　　　　　　　　　)という考え。

(3) アスカが下線部③から学んだことは何ですか。日本語で書きなさい。(10点)

(4) 次の英文が本文の内容に合っていれば○，合っていなければ×を書きなさい。(5点×2)
(a) Asuka was talked to by a man when she was going to a supermarket.
(b) Asuka couldn't speak English, but she was able to help the man with a problem.

(1)	①		④	
(2)	(a)		(b)	
(3)				
(4)	(a)		(b)	

1 受け身

2 現在完了① — 経験用法 —

テストがある日
月 日

STEP 1 要点チェック

テスト1週間前から確認!

1 現在完了とは

① 意味：現在の状況に関連づけて過去の動作や状態を表す表現。

② 基本形：〈have[has]＋過去分詞〉 主語にあわせて have と has を使い分ける。
主語が３人称単数のときは has を使う。

2 現在完了「経験」の用法

① 意味：「(今までに)～したことがある」…過去のある時点から今までの経験を表す。

② 基本形：〈have[has]＋過去分詞〉

例文 I [have visited] Kyoto three times. (私は京都を３回訪れたことがあります。)

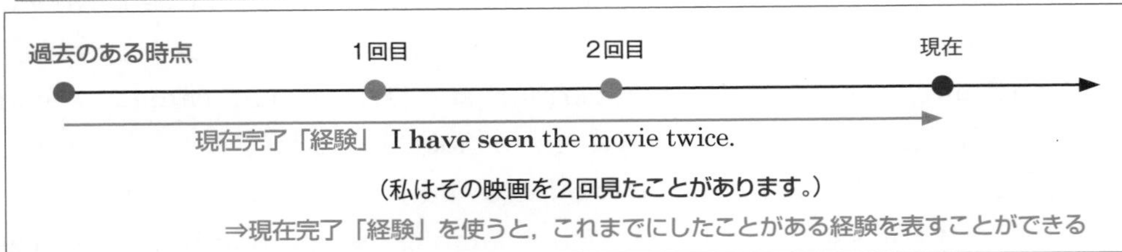
過去のある時点
1回目
2回目
現在
現在完了「経験」 I have seen the movie twice.
(私はその映画を２回見たことがあります。)
⇒現在完了「経験」を使うと，これまでにしたことがある経験を表すことができる

③「経験」の用法でよく使われる語

often（よく），ever（今までに），never（(今までに)１度も～ない）⇒過去分詞の前に置く。
once（１回），twice（２回），～ times（～回），before（前に）⇒文末に置く。

3 現在完了「経験」の疑問文・否定文

① 疑問文：Have[Has]を文頭に置き，〈主語＋過去分詞〉を続ける。ever「今までに」が入ることが多い。
答え方は, Yes の場合,〈Yes, 主語＋ have[has].〉, No の場合,〈No, 主語＋ haven't[hasn't].〉。

例文 [Have you] ever [cooked] breakfast? (あなたは今までに朝食を作ったことがありますか。)
（主語）（過去分詞）

— Yes, [I have]. (はい, あります。) ／ No, [I haven't]. (いいえ, ありません。)

②〈How many times[How often]＋have[has]＋主語＋過去分詞(現在完了の疑問文)～?〉で「何回～したことがありますか」と，経験の回数をたずねる文になる。

例文 [How many times have you visited] Okinawa?
(あなたは何回沖縄を訪れたことがありますか。)

— I have visited it once. (私はそこを１回訪れたことがあります。)

③ 否定文：〈主語＋ have[has]〉のあとに not や never を置く。

例文 She [has never] studied Chinese. (彼女は１度も中国語を勉強したことがありません。)

STEP 2 基本問題

別冊解答 P.2

得点　／100点

1 次の日本文に合うように，(　　)内から適する語句を選び，○で囲みなさい。(10点×2)

(1) 私たちは，大阪を2回訪れたことがあります。
We (visited, have visited) Osaka twice.

(2) あなたは，今までにその写真を見たことがありますか。
Have you (saw, ever seen) the picture?

2 次の日本文に合うように，______に適切な語を書きなさい。(10点×2)

(1) あなたは今までに鳥の写真を撮ったことはありますか。
__________ you ever __________ pictures of birds?

(2) 私は今までにこんなおいしいケーキを食べたことがありません。
I have __________ eaten such a delicious cake.

3 次の日本文に合うように，(　　)内の語句を並べかえなさい。ただし，文頭にくる単語も小文字にしてあります。(20点×3)

(1) ユリは1度もサッカーをしたことがありません。
Yuri (never / soccer / played / has).

Yuri ______________________________.

(2) あなたは今までにこの歌を聞いたことがありますか。
(you / have / this song / heard / ever)?

______________________________?

(3) あなたは何回その映画を見たことがありますか。
(the movie / have / how / watched / many / times / you)?

______________________________?

1
(1) 現在完了は，「～したことがある」という，「経験」を表すことができる。過去形と紛らわしいので間違えないように注意。
過去：「訪れた」
現在完了(経験)：「訪れたことがある」

2
疑問文のときは，ever「今までに」，否定文のときは，never「(今までに)1度も～ない」がよく使われる。

3
(1) 現在完了の否定文は〈主語 ＋have[has] ＋not＋過去分詞〉の語順。neverはnotの位置に置く。
(2) 現在完了の疑問文は〈Have＋主語＋過去分詞～?〉の語順。

STEP 3 得点アップ問題

別冊解答 P.2

得点 ／100点

1 次の日本文に合うように, ＿＿＿に適切な語を書きなさい。(6点×3)

よくでる (1) 彼はこれまで１度もフランスに行ったことがありません。
He ＿＿＿＿＿ ＿＿＿＿＿ ＿＿＿＿＿ to France.

(2) あなたは何回このお店を訪れたことがありますか。
How ＿＿＿＿＿ ＿＿＿＿＿ have you ＿＿＿＿＿ this shop?

(3) 私は７回東京を訪れました。
I ＿＿＿＿＿ ＿＿＿＿＿ Tokyo seven ＿＿＿＿＿.

(1)			
(2)			
(3)			

2 次の日本文に合うように, (　　)内の語句を並べかえなさい。ただし, 不要な語句が1つ含まれています。また, 文頭にくる単語も小文字にしてあります。(8点×4)

(1) 私は妹に手紙を書いたことが１度もありません。
I (never / to my sister / written / have / write / a letter).

(2) 彼女は何度も彼の父のところを訪れたことがあります。
She (many times / visited / has / his father / have).

(3) トムは今までにアヤと話をしたことがありますか。
(never / Tom / has / ever / Aya / talked to)?

難 (4) あなたは何回間違いをしたことがありましたか。
(you / often / many / made / how / have) a mistake?

(1)	I .
(2)	She .
(3)	?
(4)	a mistake?

3 次の対話文を読み，あとの問いに答えなさい。

Taro : Hi, Shiho. What are you doing?
Shiho : I'm reading a book. This is *Anne of Green Gables*. Do you know this?
Taro : Yes, of course! I like it very much. I ①(read) it twice.
Shiho : Oh, have you? I like it very much, too. I want to visit *Prince Edward Island someday. I'm going to finish reading it soon, so I (②) read this book next. Do you know this one, too?
Taro : It's one from the *Harry Potter* *series, isn't it? ③I love it and (seen / I / the movie / have) many times.
Shiho : ④Many times? Great! If you want, you can read it before me.
Taro : Really? Thank you very much. I will *return it to you *as soon as possible.

（注） *Anne of Green Gables* 『赤毛のアン』
Prince Edward Island プリンス・エドワード島（『赤毛のアン』の舞台となった島）
series 続き物，シリーズ return ～を返す as ～ as possible できるだけ～

(1) ①の（ ）内の語を適切な形になおしなさい。ただし，1語とは限りません。(5点)

(2) ②の（ ）に当てはまる語を下から選び，記号で答えなさい。(5点)
ア am イ have ウ will

(3) 下線部③の（ ）内の語句を，意味が通るように並べかえて英文を完成させなさい。(5点)

難 (4) 下線部④の文を文脈に沿うように主語と述語を補うとすると，何を入れればよいか。4語で書きなさい。(5点)

(1)		(2)	
(3)	I love it and many times.		
(4)	many times?		

4 次の日本文を英文にしなさい。(15点×2)

(1) サリー(Sally)は京都を訪れたことがありますか。

(2) 私は１度もその曲を聞いたことがありません。

(1)	
(2)	

3 現在完了② ―完了・結果用法―

テストがある日　月　日

STEP 1 要点チェック

1 現在完了「完了・結果」の用法

① **意味**：「(ちょうど)～したところだ」…過去のある時点から始まった動作や状態が完了したことを表す。「～してしまった」という「結果」の意味を表すこともある。

② **基本形**：〈have[has]＋過去分詞〉

例文　〈完了〉I [have] just [cleaned] my room.（私はちょうど私の部屋を掃除したところだ。）

〈結果〉She [has lost] her key.（彼女は鍵をなくしてしまった。→現在は持っていない）

③ **「完了・結果」の用法でよく使われる語**

[already]（すでに，もう），[just]（ちょうど，たった今）⇒過去分詞の前に置く。

例文　He **has already arrived**.（彼はすでに到着している。）
I **have just finished** my homework.（私はちょうど宿題を終えたところだ。）

2 現在完了「完了・結果」の疑問文・否定文

① **疑問文**：Have[Has]を文頭に置き，〈Have[Has]＋主語＋過去分詞〉とする。
答え方：Yes の場合，〈Yes, 主語＋ have[has].〉, No の場合，〈No, 主語＋ haven't[hasn't].〉。
yet を使って No, not yet.（いいえ，まだです。）のように答えることもある。

例文　[Have you finished] your homework **yet**?（あなたはもう宿題を終えましたか。）

― Yes, [I have].（はい，終えました。）／ No, [I haven't].（いいえ，終えていません。）

② **「完了・結果」の用法の疑問文でよく使われる語句**：yet（もう），already（すでに）
疑問文の文末で yet を使うと，「すでに，もう」の意味を表せる。

例文　**Have** you **eaten** lunch [yet]?（あなたはもう昼ごはんを食べてしまいましたか。）

already は肯定文に使われることが多いが，疑問文に使うと，意外な早さに対する「驚きや不審」の気持ちを表すので注意。
└文末に already を置くことが多い

例文　**Has** he **left** home **already**?（彼はもう家を出ましたか？[早いなぁ]）

③ **否定文**：〈主語＋ have[has]〉のあとに [not] を置く。

例文　She **has not[hasn't] finished** reading this book **yet**.
（彼女はまだこの本を読み終えていません。）

④ **「完了・結果」の用法の否定文でよく使われる語句**：yet（まだ）
否定文の文末で yet を使うと，「まだ」の意味を表せる。

例文　I **have not seen** her [yet].（私はまだ彼女に会っていません。）

STEP 2 基本問題

別冊解答 P.3

得点 ／100点

1 次の(　　)内から適する語句を選び，記号を○で囲みなさい。(4点×5)

(1) I have (ア finish　イ finished　ウ finishing) my homework.

(2) Have you washed the dishes (ア yet　イ always　ウ sometimes)?

(3) He has already (ア go　イ went　ウ gone) to America.

(4) I haven't seen a panda (ア yet　イ just now　ウ still).

(5) Takashi (ア isn't　イ doesn't　ウ hasn't) cleaned his room yet.

2 次の日本文に合うように，＿＿に適切な語を書きなさい。(5点×4)

(1) 私の父がちょうど到着したところです。
My father ＿＿＿＿ ＿＿＿＿ arrived.

(2) 彼はもう朝ごはんを食べましたか。
Has he ＿＿＿＿ breakfast ＿＿＿＿?

(3) いいえ，まだ食べていません。((2) に答えて)
＿＿＿＿, not ＿＿＿＿.

(4) 彼はお金をなくしてしまいました。(今は持っていない)
He ＿＿＿＿ ＿＿＿＿ his money.

3 次の日本文に合うように，(　　)内の語句を並べかえなさい。ただし，文頭にくる単語も小文字にしてあります。(20点×3)

(1) 彼は早く寝ました。
(has / early / he / to / gone / bed).

＿＿＿＿＿＿＿＿＿＿＿＿＿＿＿＿＿＿＿＿.

(2) サッカーの試合はもう始まりましたか。
(started / yet / the soccer game / has)?

＿＿＿＿＿＿＿＿＿＿＿＿＿＿＿＿＿＿＿＿?

(3) 私はまだお皿を洗っていません。
(the dishes / have / yet / not / I / washed).

＿＿＿＿＿＿＿＿＿＿＿＿＿＿＿＿＿＿＿＿.

1
現在完了「完了」は，<have[has]＋過去分詞>の形で表す。
(3)「行ってしまって，今はここにはいない」の意味。

2
(4)「お金をなくしてしまった（現在は持っていない）」は，結果を表す。

3
(2) (3) yetの位置に注意する。

STEP 3 得点アップ問題

別冊解答 P.3

得点　　／100点

1 次の英文を，(　　)内の指示にしたがって書きかえなさい。(4点×4)

(1) I have already finished my homework.（主語をHeにかえて）

(2) I have just cleaned my room.（「まだ～していない」という否定文に）

(3) You have just finished your homework.（「もう～しましたか」という疑問文に）

(4) They haven't got married yet.（「すでに～してしまった」という肯定文に）

(1)	
(2)	
(3)	
(4)	

2 次の日本文に合うように，(　　)内の語句を並べかえなさい。ただし，不要な語句が1つ含まれています。また，文頭にくる単語も小文字にしてあります。(5点×4)

(1) 私はちょうどヒーターを買ったところです。
(have / yet / bought / I / a heater / just).

(2) 会議はもう始まっていますか。
(yet / the meeting / started / has / just)?

難 (3) 彼はたった今出かけました。
(left / he / now / has / just).

(4) 彼は，その町へ行ってしまいました。（「今ここにはいません」という結果の意味で）
(town / gone / been / has / the / to / he).

(1)		.
(2)		?
(3)		.
(4)		.

3 次の対話文を読み，あとの問いに答えなさい。

Tom : Aya, (①) you finished your English homework?

Aya : No, not (②). I have (③) started it, so I (④) finished it yet. How about you?

Tom : I have (③) finished it. It is very difficult, (⑤) it?

Aya : Really? Well, will you help me with my homework? I'm not very good at English.

Tom : Sure. What can I do for you?

Aya : I don't know the *meaning of this word. What does it mean?

Tom : You can *check my dictionary. Here you are.

Aya : You're so helpful, thanks. Hmm... OK, I've ⑥(get) it!

(注) meaning 意味　check one's dictionary 辞書を引く

(1) ①～⑤の( )に当てはまる語を下から選び，記号で答えなさい。(3点×5)

ア already	イ yet	ウ have	エ haven't
オ is	カ isn't	キ just	ク has

(2) ⑥の( )内の語を適切な形になおしなさい。(5点)

(1)	①		②		③	
	④		⑤			
(2)						

4 次の各組の英文を，意味の違いに気をつけて日本文にしなさい。(11点×4)

(1) ①He has gone to Canada.

②He has been to Canada twice.

難 (2) ①Spring is coming.

②Spring has come.

(1)	①	
	②	
(2)	①	
	②	

テストがある日　月　日

STEP 1 要点チェック

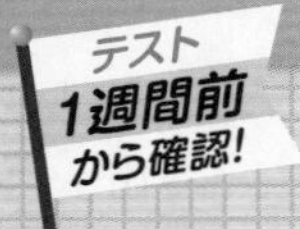

1 現在完了「継続」の用法

① 意味：「(過去から今までずっと)～している」…過去の状態や起こった状況が，現在までずっと継続していることを表す。

② 基本形：〈have[has]＋過去分詞〉

例文 We have lived in this city for ten years.(私たちはこの市に10年間ずっと住んでいます。)

ポイント 過去形と現在完了の違い

過去形は「～した」と，過去のことを表すが，現在完了は，過去から今に関係することを表す。

過去形	現在形
We lived in Osaka ten years ago. (私たちは大阪に 10 年前住んでいた。)	We live in Osaka. (私たちは大阪に住んでいる。)

10 年前 ―――――――――→ 今

現在完了　We have lived in Osaka for ten years.
〈have＋過去分詞〉
(私たちは大阪に10年間ずっと住んでいる。)
⇒現在完了を使うと，10年前から今までずっと大阪に住んでいることを表せる。

③「継続」の用法でよく使われる語

for (～の間)，since (～以来(ずっと)，～から(今まで))

2 現在完了「継続」の疑問文

Have [Has]を文頭に置き，〈Have[Has]＋主語＋過去分詞～?〉とする。答えるときには，Yes, I have.「はい，～しています。」，No, I haven't.「いいえ，～していません。」のようにhave[has]を使って答える。

また，文頭に How long を置くと，「どれくらいの間」かをたずねることができる。このときは，for ～「～の間」や since ～「～からずっと」を使って答える。

例文 Have you lived in this city for ten years?
(あなたはこの市に 10 年間ずっと住んでいますか。)
— Yes, I have.(はい，住んでいます。)

例文 How long have you lived in this city?
(あなたはこの市にどれくらいの間住んでいますか。)
— I have lived in this city for ten years.
(私はこの市に 10 年間ずっと住んでいます。)
— For ten years.(10 年間です。)

STEP 2 基本問題

別冊解答 P.4

得点

／100点

1 次の日本文に合うように，(　　)内から適する語句を選び，〇で囲みなさい。(10点×3)

(1) 私たちはこの前の夏以来ずっとここに住んでいます。
We (live, have lived, has lived) here since last summer.

(2) あなたは3年間ずっとこのかばんを使っているのですか。
(Do, Have, Are) you used this bag for three years?

(3) 彼女はどれくらいの間，英語を勉強していますか。
(How long have, How long does, How long has) she studied English?

1
「(ずっと)～している[～である]」という状態の継続は〈have[has] ＋過去分詞〉で表す。haveとhasは主語によって使い分ける。疑問文はhave[has]を主語の前に置いて作る。

2 次の文を(　　)内の指示に従って書きかえるとき，______に適切な語を書きなさい。(10点×3)

(1) I have worked at this store for ten years.(下線部をHeにかえて)
He __________ __________ at this store for ten years.

(2) You have been busy since this morning. (疑問文に)
__________ __________ __________ busy since this morning?

(3) Miho has lived in this town for three years.
(下線部が答えの中心となる疑問文に)
__________ __________ __________ Miho __________ in this town?

2
(3) 期間をたずねるときはhow longを使う。

3 次の日本文に合うように，(　　)内の語を並べかえなさい。ただし，文頭にくる単語も小文字にしてあります。(20点×2)

(1) 私は10年以上ずっと彼のことを知っています。
I (him / known / for / have) more than ten years.

I ______________________________ more than ten years.

(2) あなたは3時からずっとここにいるのですか。
(you / have / since / here / been) three o'clock?

______________________________ three o'clock?

3
(1) knownはknowの過去分詞。

STEP 3 得点アップ問題

別冊解答 P.4

得点 ／100点

1 次の日本文に合うように，(　　)内から適切な語句を選び，記号で答えなさい。(5点×3)

(1) 彼はそのコンピューターを10年間ずっと使っています。
He (ア uses　イ is using　ウ has used) the computer for ten years.

(2) 彼女は長い間ずっと，そのネコを飼っているのですか。
Has she (ア have　イ had　ウ having) the cat for a long time?

(3) 私たちは4月からずっとここに住んでいます。
We have lived here (ア in　イ since　ウ from) April.

(1)		(2)		(3)	

2 次の日本文に合うように，(　　)内の語句を並べかえなさい。ただし，不要な語句が1つ含まれています。また，文頭にくる単語も小文字にしてあります。(5点×5)

(1) 1週間ずっと雨が降り続いています。
It (rainy / a week / since / been / has / for).

難 (2) 私たちは子どもの頃からずっと知り合いです。
We (we / since / been / were / each other / known / children / have).

(3) トムはどれくらいの間パソコンが欲しいと思っているのですか。
(wanted / has / while / Tom / how long / a personal computer)?

(4) 彼はこの3日間ずっと忙しいです。
(for / been / is / he / busy / has) three days.

(5) ジェーンはこの市にどれくらいの間住んでいますか。
(have / Jane / has / long / lived / in / how) this city?

(1)	It .
(2)	We .
(3)	?
(4)	three days.
(5)	this city?

3 次のケン（Ken）とベッキー（Becky）の対話文を読み，あとの問いに答えなさい。

Ken　: How long (　①　) you stayed in Japan, Becky?
Becky : (　②　) six months.
Ken　: (　③　) you living with your family now?
Becky : No. My family is in America.
Ken　: Well, tell me about your family. How (　④　) people are there in your family?
Becky : There are four. Father, Mother, my sister Amy, and me. Amy is good at Japanese because she has ⑤(study) it at a language school (　⑥　) some years. Yesterday, I got some pictures from Amy. She took them in NY*. Do you want to see them?
Ken　: Yes, please. Oh, they (　⑦　) beautiful.

（注） NY　ニューヨーク

(1) ①～④と⑥の(　　)に当てはまる語を下から選び，記号で答えなさい。同じ語を２度以上使ってもかまいません。ただし，文頭にくる単語も小文字にしてあります。(3点×5)

ア are　イ do　ウ have　エ has　オ don't
カ haven't　キ since　ク for　ケ long　コ many

(2) ⑤の（　　）内の語を適切な形になおしなさい。(5点)

(3) ⑦の（　　）に当てはまる語を下から選び，記号で答えなさい。(4点)

ア feel　イ look　ウ find

(1)	①		②		③	
	④		⑥			
(2)						
(3)						

4 次の日本文を英文にしなさい。(12点×3)

(1) ジュディ(Judy)は３か月前からずっと日本に滞在しています。

(2) 私たちは昨日からずっと忙しいです。

(3) カオル(Kaoru)は東京に住んでどのくらいですか。

(1)	
(2)	
(3)	

5 現在完了④
― 現在完了進行形 ―

テストがある日
月　日

STEP 1 要点チェック

1 現在完了進行形

① **意味**：「(過去から今までずっと) ～している」…過去に始まった**動作**が，現在までずっと継続していることを表す。

② **基本形**：〈**have[has] been ＋動詞の ing 形**〉 ※ has は主語が3人称単数のときに使う。

例文 Kenta [has been studying] in his room **since** ten.
〈have[has] been ＋動詞の ing 形〉
(ケンタは10時**からずっと**自分の部屋で**勉強しています**。)

ポイント 現在進行形と現在完了進行形の違い

現在進行形は「今」進行中である動作を表すときに使うが，現在完了進行形は「過去から今まで」続いている動作を表すときに使う。

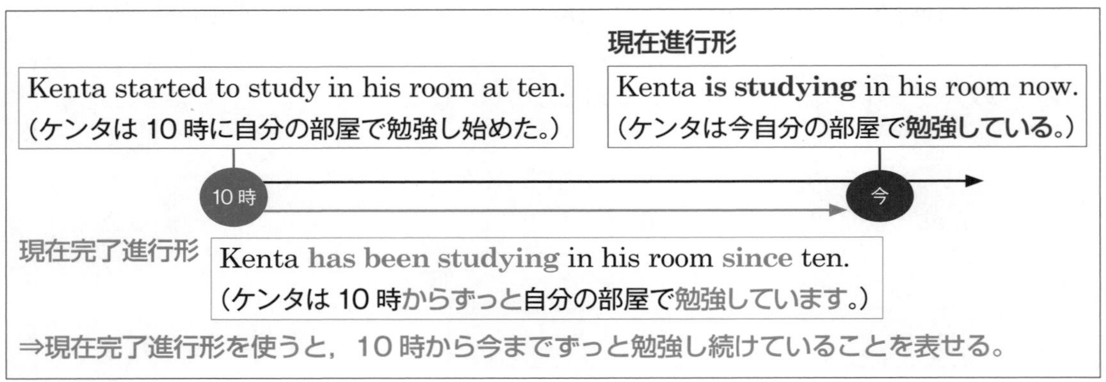

現在進行形
Kenta started to study in his room at ten.
(ケンタは10時に自分の部屋で勉強し始めた。)
Kenta is studying in his room now.
(ケンタは今自分の部屋で勉強している。)
10時
今
現在完了進行形
Kenta has been studying in his room since ten.
(ケンタは10時からずっと自分の部屋で勉強しています。)
⇒現在完了進行形を使うと，10時から今までずっと勉強し続けていることを表せる。

2 現在完了進行形の疑問文

[Have] [[Has]]を文頭に置き，〈**Have[Has]＋主語＋ been ＋動詞の ing 形～?**〉とする。答えるときには，Yes, I **have**.「はい，～しています。」，No, I **haven't**.「いいえ，～していません。」のように **have[has]**を使って答える。

また，継続用法の現在完了と同様，文頭に [How long] を置いて「どれくらいの間」かをたずねることができる。この疑問文には [for] ～「～の間」や [since] ～「～から」を使って答える。

例文 **Has she been talking** on the phone **for** two hours?
(彼女は2時間(の間)ずっと電話で話しているのですか。)

例文 **How long has she been talking** on the phone? ― **For two hours.**
(彼女はどれくらいの間電話で話しているのですか。―2時間です。)

STEP 2

基本問題

別冊解答 P.5

得点

／100点

1 次の日本文に合うように，(　　)内から適切な語句を選び，◯で囲みなさい。(10点×2)

(1) 彼らは1時からずっと野球をしています。
They (play, is playing, have been playing) baseball since one o'clock.

(2) 彼女は2時間ずっとテレビを見ているのですか。
Has she (watching, been watching, been watched) TV for two hours?

2 次の日本文に合うように，＿＿に適切な語を書きなさい。(10点×2)

(1) 彼女は今朝からずっとピアノを練習しています。
She ＿＿ ＿＿ ＿＿ the piano since this morning.

(2) あなたは2時間ずっとマンガを読んでいるのですか。
＿＿ you ＿＿ ＿＿ comics for two hours?

3 次の日本文に合うように，(　　)内の語句を並べかえなさい。ただし，文頭にくる単語も小文字にしてあります。(20点×3)

(1) 私は今朝からずっと宿題をしています。
I (been / have / my homework / since / doing) this morning.

I ＿＿＿＿＿＿＿＿＿＿ this morning.

(2) 彼はどれくらいの間眠っているのですか。
(long / been / he / sleeping / how / has)?

＿＿＿＿＿＿＿＿＿＿?

(3) 私たちは1日中ずっとテニスをしています。
(have / we / playing / been / all / tennis) day.

＿＿＿＿＿＿＿＿＿＿ day.

1
(1) 動作の継続は現在完了進行形〈have[has] been＋動詞のing形〉で表す。
(2) 現在完了進行形の疑問文はHave[Has]を文頭に置き，〈Have[Has]＋主語＋been＋動詞のing形～?〉とする。

2
haveとhasは主語によって使い分ける。

3
(2)「どれくらいの間」なのでHow longで始まる疑問文にする。

STEP 3

得点アップ問題

別冊解答 P.5

得点

／100点

1 次の日本文に合うように，＿＿＿に適切な語を書きなさい。(6点×2)

(1) 私たちは2時間ずっと歩いています。

We ＿＿＿＿＿ ＿＿＿＿＿ ＿＿＿＿＿ for two hours.

(2) 彼はどれくらいの間，ここで勉強しているのですか。

＿＿＿＿＿ ＿＿＿＿＿ has he ＿＿＿＿＿ ＿＿＿＿＿ here?

(1)				
(2)				

2 次の英文を(　　)内の指示に従って書きかえるとき，＿＿＿に適切な語を書きなさい。(6点×2)

(1) Kazuma started to read in the library thirty minutes ago. He is still reading there.

(ほぼ同じ内容を表す1文に)

→ Kazuma ＿＿＿＿＿ ＿＿＿＿＿ ＿＿＿＿＿ in the library for thirty minutes.

よくでる (2) I have been practicing the guitar <u>for an hour</u>. (下線部が答えの中心となる疑問文に)

→ ＿＿＿＿＿ ＿＿＿＿＿ ＿＿＿＿＿ you been practicing the guitar?

(1)			
(2)			

難 **3** 次の日本文に合うように，(　　)内の語句を並べかえなさい。ただし，不足している1語を補うこと。また，文頭にくる単語も小文字にしてあります。(10点×2)

(1) 私たちは1時間ずっと公園で走っています。

(an hour / in / been / have / the park / we / for).

(2) 彼女は3時からずっと友人と話しているのですか。

(she / since / her friends / talking / three o'clock / has / with)?

(1)	.
(2)	?

4 次のアユミ（Ayumi）とメアリー（Mary）の対話文を読み，あとの問いに答えなさい。

Ayumi : Mary, it's twelve o'clock now. Why don't we go out for lunch together?
Mary : That's a good idea. I'm very hungry.
Ayumi : Have you finished the math homework yet?
Mary : No. It's very difficult for me. I have been doing it for two hours, but I think I need more time to finish it. How about you? Have you finished ①(write) the report?
Ayumi : No. But ②I (　　) (　　) (　　) what to write about, so I think I can finish this homework soon.
Mary : That's nice. Well, where will we have lunch?
Ayumi : I want to go to the restaurant, Wakaba Kitchen. Have you ever been there?
Mary : No, I have never ③(try) it. What kind of food can we have there?
Ayumi : *Italian food. The restaurant opened three months ago, and I hear their pizza has been very popular since then.
Mary : That sounds nice. Let's go to the restaurant together.

(注) Italian イタリアの

(1) ①，③の(　　)内の語を適切な形になおしなさい。(5点×2)

(2) 下線部②が「何について書くかはもう決めました」という意味になるように，(　　)に適切な語を書きなさい。(6点)

(3) 本文の内容に合うように，次の質問に主語と動詞のある英文で答えなさい。(10点×2)

難 (a) What time did Mary start to do her math homework?

(b) How long has the pizza of Wakaba Kitchen been popular?

(1)	①		③	
(2)				
(3)	(a)			
	(b)			

5 次の日本文を，(　　)内の語数の現在完了進行形の英文にしなさい。ただし，数字も英語のつづりで書くこと。(10点×2)

よくでる (1) 私は彼のことを20分ずっと待っています。(9語)

難 (2) 今朝からずっと雨が降っているのですか。(7語)

(1)	
(2)	

定期テスト予想問題

別冊解答 P.6

目標時間	得点
45分	／100点

1 次の日本文に合うように，＿＿に適切な語を書きなさい。(6点×3)

(1) 私はちょうど駅に到着したところです。
I ＿＿＿＿ ＿＿＿＿ ＿＿＿＿ at the station.

(2) この家は2000年に建てられました。
This house ＿＿＿＿ ＿＿＿＿ ＿＿＿＿ 2000.

(3) 彼は３時間ずっとギターを練習しています。
He ＿＿＿＿ ＿＿＿＿ ＿＿＿＿ the guitar for three hours.

(1)			
(2)			
(3)			

2 次の英文を（　）内の指示に従って書きかえるとき，＿＿に適切な語を書きなさい。(6点×2)

(1) Did your brother take this picture? （下線部を主語にした疑問文に）
→ ＿＿＿＿ this picture ＿＿＿＿ ＿＿＿＿ your brother?

よくでる (2) Yuka came to Tokyo last year. She still lives here.（ほぼ同じ内容を表す１文に）

→ Yuka ＿＿＿＿ ＿＿＿＿ in Tokyo ＿＿＿＿ last year.

(1)			
(2)			

難 **3** 次の日本文に合うように，（　）内の語句を並べかえなさい。ただし，不足している1語を補うこと。また，文頭にくる単語も小文字にしてあります。(7点×2)

(1) あなたはどれくらい長くこの机を使っているのですか。
(you / used / long / this desk / how)?

よくでる (2) その山の頂上は雪でおおわれています。
(is / the mountain / of / snow / the top / covered).

(1)	?
(2)	.

4 次のトオル(Toru)とアン(Ann)の対話文を読み，あとの問いに答えなさい。

Toru : Hi, Ann. You look very happy.

Ann : Hi, Toru. This morning, I ①(get) an e-mail from Kate, one of my old friends in my country. Next summer, she is going to come to Japan for the first time. She will stay at my house for three days. ②(have / her / to / since / I / see / wanted) I came to Japan. So I'm very happy about that.

Toru : That's good. What will you do with her?

Ann : She learned about Japanese history and culture. She has been interested in them for a long time. So I want to take her to some popular places with long histories. Where should I take her?

Toru : How about Kyoto? I think she can have a good time there.

Ann : ③I have never been there before. How about you?

Toru : Well, I visited it when I was an *elementary school student, and last year. I have some pictures now. Do you want to see them?

Ann : Yes, thank you. Wow, there are many good places in Kyoto. Oh, this temple is very beautiful.

Toru : It's *Rokuon-ji*. It's also ④(know) as *Kinkaku-ji*. It's one of my favorite places in Kyoto.

(注) elementary school　小学校

(1) ①，④の(　　)内の語を適切な形になおしなさい。(5点×2)

(2) 下線部②の(　　)内の語を，意味が通るように並べかえて英文を完成させなさい。(8点)

(3) 下線部③を日本語になおしなさい。(8点)

(4) 本文の内容に合うように，次の質問に3語以上の英語で答えなさい。(10点×3)

(a) Has Kate stayed in Japan before?

(b) What is Kate interested in?

(c) How many times has Toru been to Kyoto?

(1)	①		④	
(2)	I came to Japan.			
(3)				
(4)	(a)			
	(b)			
	(c)			

6 不定詞①
— 動詞＋人＋不定詞 —

テストがある日
月　日

STEP 1 要点チェック

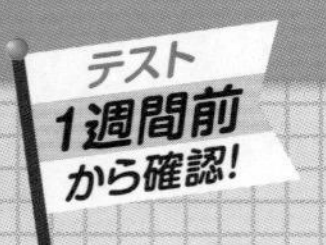

1 動詞＋人（目的語）＋不定詞

① **意味**：「（人）に（不定詞の動作）を～」

② **基本形**：〈動詞＋人（目的語）＋不定詞（to ＋動詞の原形）〉不定詞が表す動作をするのは，「人」ということになる。⇒不定詞の意味上の主語は目的語の「人」。

③ **want ＋人（目的語）＋不定詞**：「（人）に～してもらいたい」

例文 I want them to say something.（私は彼らに何か言ってもらいたいです。）
「何かを言う」ことになるのは「彼ら」

〈want ＋人（目的語）＋不定詞〉などの文では，文の主語と，不定詞の動作（上の例文では to say something）をする人が異なる。

ポイント

I want **you** to come here.（私はあなたにここに来てもらいたいです。）
目的語（人）　to ＋動詞の原形　目的語の you が不定詞の意味上の主語となる。
⇒不定詞が表す動作（come）をするのは，目的語の「人」（you）。
目的語の「人」の部分は**目的格**（ **me, you, him, her, us, them** ）となることに注意。

④ **tell ＋人（目的語）＋不定詞**：「（人）に～するように言う」

例文 The teacher told us to get out of the classroom.
目的語
（先生は私たちに教室から出ていくように言いました。）
目的語の「人」は us

⑤ **ask ＋人（目的語）＋不定詞**：「（人）に～するように頼む」。tell は文脈によっては「（人）に～を命じる」といった意味を表すが，ask は「頼む」という意味を表す。
⇒丁寧に頼みごとをする様子を表す。

例文 I asked him to be quiet.（私は彼に静かにするように頼みました。）
目的語　頼まれたのは「彼」

よくでる　tell / ask ＋人（目的語）＋不定詞の書きかえ

〈**tell / ask ＋人（目的語）＋不定詞**〉の文は，〈**say ＋ to ＋人（目的語）**，“命令文”〉と書きかえられる。
ask を使った文の場合は，**tell** よりも丁寧な意味なので **Please** を命令文の前につける。

He **told me to go** home now.（彼は私にすぐに帰るように言いました。）
⇒ He **said to me**, “Go home now.”（彼は私に言いました。「すぐに帰れ」）
命令文

I **asked the lady not to stand** up.
否定の不定詞→否定の命令文に書きかえられる
（私はその女性に立ち上がらないようにお願いしました。）
⇒ I **said to the lady**, “**Please don't stand** up.”
（私はその女性に「立ち上がらないでください」と言いました。）

STEP 2

基本問題

別冊解答 P.7

得点

／100点

1 次の(　　)内から適切な語句を選び，記号を○で囲みなさい。(5点×3)

(1) I told Koji (ア wash　イ to wash　ウ to washing) his hands.

(2) The lady asked (ア I　イ to me　ウ me) to explain the reason.

(3) His father wants (ア he　イ him　ウ his) to be a doctor.

2 次の日本文に合うように，______に適切な語を書きなさい。

(1) あの男性に座るように頼んでください。(10点)

Please ________ that man ________ sit down.

(2) 彼女に歌を歌ってもらいたいですか。(15点)

Do you ________ ________ ________ sing a song?

(3) 彼は彼らにバスを降りるように言いました。(15点)

He ________ ________ ________ get off the bus.

3 次の日本文に合うように，(　　)内の語を並べかえなさい。(15点×3)

(1) 私はあなたにここにいてもらいたいです。

(here / be / want / to / I / you).

____.

(2) 母は彼らに窓を開けるように言いました。

My mother (to / the / window / open / them / told).

My mother ________________________________.

(3) ケイトは両親にパーティーに連れて行ってくれるように頼みました。

Kate (her / parents / take / asked / her / to) to the party.

Kate ____________________________ to the party.

1

(2)(3)〈動詞＋人(目的語)＋不定詞〉の文では，「人(目的語)」に人称代名詞が入る場合，目的格となる。

2

(1)(2) 命令形や疑問文の場合であっても〈動詞＋人＋不定詞〉の語順は変わらない。

「(人)に～するように頼む」は〈ask＋人＋不定詞〉で表す。

(3)「～するように言う」は〈tell＋人＋不定詞〉で表す。get off ～「～を降りる」

3

(2)(3) 時制が過去であっても〈動詞＋人(目的語)＋不定詞〉の基本形は変わらない。

STEP 3 得点アップ問題

別冊解答 P.7

得点 ／100点

1 次の日本文に合うように，(　　)内の語句を並べかえなさい。(5点×4)

よくでる (1) 祖母は私にいい子でいるように言いました。
My grandmother (told / to / me / a good boy / be).

(2) サラ(Sarah)はあなたにその手紙を読んでほしいのでしょうか。
Does Sarah (the letter / you / read / to / want)?

(3) 私はタケルに7時に私の家に来てほしいです。
I (Takeru / come / my house / want / to / to) at seven.

(4) 私は彼女にそのパーティーに来るように頼みました。
I (come / to / her / asked / to / the party).

(1)	My grandmother　　　　.
(2)	Does Sarah　　　　?
(3)	I　　　　at seven.
(4)	I　　　　.

2 次の各組の文がほぼ同じ内容を表すように，＿＿に適切な語を書きなさい。(5点×4)

(1) Jane told me to help Sally.
Jane said to ＿＿＿, "＿＿＿ Sally."

(2) Tom said to her, "Ask me anything."
Tom told her ＿＿＿ ask ＿＿＿ anything.

難 (3) He will say to her, "Could you show me your notebook?"
He will ＿＿＿ ＿＿＿ to show ＿＿＿ her notebook.

難 (4) She said to her father, "Please don't sleep here."
She ＿＿＿ her father ＿＿＿ to sleep here.

(1)			(2)		
(3)					
(4)					

3 次の対話文を読み，あとの問いに答えなさい。（10点×5）

Nana : Mr. Smith, do you have a minute for me now?
Mr. Smith : Sure. What is it?
Nana : ①(to / want / my *classmates / I / to / ask) bring some *used stamps or *miswritten postcards to school if they have *any. Is it all right?
Mr. Smith : Used stamps and miswritten postcards? What will you do with ②them?
Nana : I will (③) them to *UNESCO. They *collect used stamps and miswritten postcards to support children's *schooling in *developing countries. If I send a miswritten postcard, children in Nepal will get seven pencils, for example. I want children in developing countries (④) enjoy their school lives through my *efforts.
Mr. Smith : That (⑤) good. Well, let's collect them together.

（注） classmate クラスメート　used stamp 使用済み切手　miswritten postcard 書き損じはがき　any いくつか　UNESCO ユネスコ（国際連合教育科学文化機関）　collect ～を集める　schooling 学校教育　developing country 発展途上国　effort 努力

(1) 下線部①が「私はクラスメートたちに，使用済み切手や書き損じはがきを持っていたら，学校に持ってくるように頼みたいです」という意味になるように，（　）内の語句を並べかえなさい。

(2) 下線部②のthemが指すものを英語で書きなさい。

(3) ③④の（　）に当てはまる語を書きなさい。

(4) ⑤の（　）に当てはまる語を下から選び，記号で答えなさい。
ア looks　イ sounds　ウ becomes　エ feels

(1)	bring some used stamps or miswritten postcards to school if they have any.		
(2)			
(3)	③		④
(4)			

4 次の日本文を英文にしなさい。（10点）

よくでる 彼らは私に本を1冊買うように頼んだ。

6 不定詞① ─動詞＋人＋不定詞─

別冊解答 P.8

テストがある日
月　日

7 不定詞②
— let[help]＋人＋動詞の原形 —

STEP 1 要点チェック

1 let ＋人(目的語)＋動詞の原形

意味:「(人)に〜させてやる」…〈人〉は〈動詞の原形〉で表される動作の意味上の主語になる。〈人〉に代名詞が入る場合は目的格（「〜を[に]」の形）にする。

例文 My mother [let me use] her camera.
〈let ＋人＋動詞の原形〉

（母は私に彼女のカメラを使わせてくれました。）

例文 [Let me see].
「私に考えさせてください。」→「ええと。」という意味の表現

（ええと。）

例文 I [①　　　　] the book yesterday.
yesterday がある→この let は過去形

（昨日，私は彼にその本を読ませてあげました。）

ミス注意!

let の形
let は不規則動詞で，let(原形) − let(過去形) − let(過去分詞)と活用する。すべて形が同じなので，主語や時を表す語句，前後の文脈などで形を判断する。
（例）My mother let me use her camera.
⇒主語が３人称単数なのに lets になっていないので，この let は過去形。

2 help ＋人(目的語)＋動詞の原形

意味：「(人)が〜するのを手伝う」…〈人〉は〈動詞の原形〉で表される動作の意味上の主語になる。〈人〉に代名詞が入る場合は目的格（「〜を[に]」の形）にする。

例文 Yuka [helped me write] a letter in Japanese.
〈help ＋人＋動詞の原形〉

（ユカは私が日本語で手紙を書くのを手伝ってくれました。）

例文 I'll [②　　　　] your room.

（あなたが部屋を掃除するのを手伝いましょう。）

STEP 2 基本問題

別冊解答 P.8

得点

／100点

1 次の日本文に合うように，(　　)内から適切な語句を選び，○で囲みなさい。(10点×2)

(1) 彼は私たちに新しい車を見せてくれました。
He let us (see, to see, seeing) his new car.

(2) これらの本を運ぶのを手伝いましょうか。
Shall I help (carrying, carry you, you carry) these books?

2 次の日本文に合うように，＿＿に適切な語を書きなさい。(10点×2)

(1) 彼女は私が皿を洗うのを手伝ってくれました。
She ＿＿＿＿ ＿＿＿＿ ＿＿＿＿ the dishes.

(2) 私にあなたのギターを弾かせてください。
＿＿＿＿ ＿＿＿＿ ＿＿＿＿ your guitar.

3 次の日本文に合うように，(　　)内の語を並べかえなさい。(15点×2)

(1) 彼は私に自分のコンピューターを使わせてくれました。
He (use / me / let) his computer.

He ＿＿＿＿＿＿＿＿＿＿＿＿ his computer.

(2) 彼女は，私が英語を学ぶのを手伝ってくれます。
She (me / helps / learn) English.

She ＿＿＿＿＿＿＿＿＿＿＿＿ English.

4 次の日本文を，(　　)内の語を使って英文にしなさい。(15点×2)

(1) 私は母が夕食を作るのを手伝いました。(cook)

＿＿＿＿＿＿＿＿＿＿＿＿＿＿＿＿＿＿＿＿

(2) 父は私にオーストラリアに行かせてくれました。(let)

＿＿＿＿＿＿＿＿＿＿＿＿＿＿＿＿＿＿＿＿

1
(1)〈let＋人＋動詞の原形〉＝「(人)に～させてやる」
(2)〈help＋人＋動詞の原形〉＝「(人)が～するのを手伝う」

2
(2)「～させてください」なので，命令文で表す。

4
(2) letは過去形もlet。

STEP 3 # 得点アップ問題

別冊解答 P.8

得点 ／100点

1 次の(　　)内から適切な語を選び，記号で答えなさい。(6点×2)

(1) Yuta helps his sister (ア practices　イ practicing　ウ practice) volleyball.

よくでる (2) Mina (ア wanted　イ let　ウ told) her brother use her computer.

(1)		(2)	

2 次の日本文に合うように，＿＿＿に適切な語を書きなさい。(6点×2)

(1) 私は彼らが通りを掃除するのを手伝いました。
I ＿＿＿＿ ＿＿＿＿ ＿＿＿＿ the street.

(2) そのゲームをさせてもらえませんか。
Could you ＿＿＿＿ ＿＿＿＿ ＿＿＿＿ that game?

(1)			
(2)			

3 次の英文を(　　)内の指示に従って書きかえるとき，＿＿＿に適切な語を書きなさい。

(6点×3)

(1) Ayaka helped me with my math homework.(語数をかえずにほぼ同じ意味を表す文に)
Ayaka ＿＿＿＿ ＿＿＿＿ ＿＿＿＿ my math homework.

難 (2) Show me your library card.（ほぼ同じ内容を表す6語の文に）
＿＿＿＿ ＿＿＿＿ ＿＿＿＿ your library card.

(3) I let my brother play the guitar yesterday.（下線部をMy fatherにかえて）
My father ＿＿＿＿ my brother ＿＿＿＿ the guitar yesterday.

(1)			
(2)			
(3)			

4 次のマイク (Mike) とナナ (Nana) の対話文を読み，あとの問いに答えなさい。

Mike : I'm writing an *essay for the essay contest in our city next month.
Nana : That's nice. Oh, you are writing in Japanese!
Mike : Yes. Writing Japanese is still a little difficult, but this dictionary helps me.
Nana : I see. What are you writing about?
Mike : About my life in Japan. I have had a wonderful three months in Japan since I came here, so I want to express my feelings in my essay.
Nana : I'm ①happy to know that you like your stay in Japan.
Mike : Nana, can I write about you and your family?
Nana : Of course.

(注) essay 作文

(1) 下線部①だと言っている理由を日本語で書きなさい。(8点)

難 (2) 本文の内容に合う英文になるように，______に適する語を書きなさい。(6点×2)

(a) A ________ helps Mike ________ Japanese.

(b) Mike asked Nana to ________ ________ ________ about her and her family in his essay.

(3) 本文の内容に合うように，次の質問に(　　)内の語数の英語で答えなさい。(8点)
How long has Mike stayed in Japan? (3語)

(1)				
(2)	(a)			
	(b)			
(3)				

5 次の日本文を(　　)内の語句を使って英文にしなさい。(10点×3)

(1) 彼は私がいすを運ぶのを手伝ってくれました。(some chairs)

難 (2) 私にあなたの誕生日を教えてください。(let)

(3) 両親は私にその公園に行かせてくれませんでした。(let)

(1)	
(2)	
(3)	

8 いろいろな文型（5文型）

テストがある日
月　日

STEP 1 要点チェック

1 5文型

英語の文は，主語（S），動詞（V），目的語（O），補語（C）の4つの要素を使って，次の5つの文型で表すことができる。

① 第1文型　＜S＋V＞

主語（S）と動詞（V）で構成する文。

例文　**He went to school.**（彼は学校へ行きました。）
S　V　修飾語

② 第2文型　＜S＋V＋C＞

主語（S）と動詞（V）と補語（C）を主な要素にした文型。S＝Cの関係になる。

例文　**Naoko became a doctor.**（ナオコは医者になりました。）
S　V　C

おぼえる! 第2文型を作る動詞の例

・become「～になる」　・look「～に見える」
・seem「～のように思われる」　・smell「～のにおいがする」など

③ 第3文型　＜S＋V＋O＞

主語（S）と動詞（V）と目的語（O）を主な要素にした文型。

例文　**Tomoko likes cats.**（トモコはネコが好きです。）
S　V　O

④ 第4文型　＜S＋V＋O_1＋O_2＞

主語（S）と動詞（V）と2つの目的語（O）を主な要素にした文型。

例文　**Kanako gave him a map.**（カナコは彼に地図をあげました。）
S　V　O_1　O_2

⑤ 第5文型　＜S＋V＋O＋C＞

主語（S）と動詞（V）と目的語（O）と補語（C）で構成する文。O＝Cの関係。

例文　**They call the cat Shiro.**（彼らはそのネコをシロと呼びます。）
S　V　O　C

2 S＋V＋O_1＋O_2の文（第4文型）とS＋V＋Oの文（第3文型）

例文1　**Miho** [gave him a pie].（ミホは彼にパイをあげました。）
S　V　O_1　O_2

例文2　**Miho** [gave a pie to him].
S　V　O(O_2)　修飾語(O_1)

〈S＋V＋O_1＋O_2〉の（例文1）の文は，〈S＋V＋O_2＋to[for]＋O_1〉の（例文2）の形に書きかえることができる。このとき，前置詞のtoまたはforが必要になる。

おぼえる! toとforの使い分け

toをつける動詞… give「わたす」，send「送る」，tell「教える・伝える」，show「見せる」など
forをつける動詞… make「作る」，buy「買う」，find「見つける」，get「手に入れる」，choose「選ぶ」など

STEP 2 基本問題

別冊解答 P.9

得点

／100点

1 日本文を参考にして，次の(1)～(5)の(　　)に適切なものを下のア～オから1つずつ選びなさい。(6点×5)

(1) 彼女はよい教師になりました。
She became (　　　　)

(2) 彼女は私たちをとてもよろこばせました。
She made (　　　　)

(3) 彼女はゲームを持っています。
She has (　　　　)

(4) 彼はカナダへ行きました。
He went (　　　　)

(5) トムは私に絵本をくれました。
Tom gave (　　　　)

ア a good teacher.	イ to Canada.	ウ a game.
エ me a picture book.	オ us very happy.	

2 次の日本文に合うように(　　)内から適する語句を選び，◯で囲みなさい。(10点×4)

(1) タクヤはよい医者になりました。
Takuya (gave, went, became) a good doctor.

(2) この花はいいにおいがします。
This flower (looks, sounds, smells) good.

(3) この薬は苦いです。
This medicine (feels, looks, tastes) bitter.

(4) 彼は若く見えます。
He (young looks, looks young, look young).

3 次の日本文に合うように,(　　)内の語句を並べかえなさい。(15点×2)

(1) トモミは私たちにハンバーガーを作ってくれました。
(some hamburgers / for / Tomomi / us / made).

____.

(2) ジムは私の友達にカメラを貸しました。
(his camera / Jim / lent / my friend / to).

____.

1
動詞のとる文型と意味から，後ろの形を判断する。

2
(1)「～になる」を意味する動詞を選ぶ。
(3) taste「～の味がする」
bitter「苦い」

3
前置詞と，目的語の位置に注意する。
(1) $S+V+O_2+for+O_1$
(2) $S+V+O_2+to+O_1$

STEP 3

得点アップ問題

別冊解答 P.9

得点

／100点

1 次の日本文に合うように，(　　)内から適する語句を選び，記号で答えなさい。(5点×4)

(1) その知らせは，私たちを悲しませました。
The news (ア made sad us　イ us made sad　ウ made us sad).

(2) レストランでエミは私にケーキを注文してくれました。
Emi ordered (ア me for a cake　イ a cake for me　ウ a cake me) at the restaurant.

難 (3) 牛乳がすっぱくなってしまいました。
The milk (ア sour turned　イ has turned sour　ウ turning sour).

よくでる (4) 昨日，彼は母親に荷物を送りました。
He sent (ア a package his mother　イ a package to his mother　ウ his mother for a package) yesterday.

(1)		(2)		(3)		(4)	

2 次の日本文に合うように，(　　)内の語句を並べかえなさい。ただし，文頭にくる単語も小文字で示してあります。(10点×3)

(1) 彼女はとても若く見えますよね。
(looks / she / young / very), doesn't she?

(2) 彼は日曜日に友達に夕食を作ってあげました。
(made / he / dinner / friends / his / for) on Sunday.

難 (3) あなたは今までに彼女にお金を貸したことがありますか。
(you / ever / your money / have / her / lent / to)?

(1)	, doesn't she?
(2)	on Sunday.
(3)	?

3 次の英文は，中学生のミサキ(Misaki)さんの日記です。これを読んで，あとの問いに答えなさい。

Yesterday, I went to the *amusement park in East Town with Taro. There're a lot of *attractions and a large *pond in the amusement park. First, I rode on the *roller coaster. After that, I bought ①(for / ice cream / Taro) *at a stand. I ate ice cream with him. ②It (ア smelled イ tasted ウ looked) sweet and *delicious. Next, we rode on the *Ferris wheel. ③The view from the Ferris wheel looked very beautiful. And there we saw Mt. Fuji and took a picture of it. Finally, we entered a gift shop and I chose postcards ④(ア to イ through ウ for) my mother.

(注) amusement park 遊園地　attraction 乗り物　pond 池　roller coaster ジェットコースター　at a stand 売店で　delicious おいしい　Ferris wheel 観覧車

(1) 下線部①の(　　)内の語句を並べかえなさい。(10点)

(2) 下線部②が「それは甘くておいしかったです」という意味になるように(　　)内のア～ウから適切な語を選び，記号で答えなさい。(5点)

(3) 下線部③の英文を日本語にしなさい。(10点)

(4) 下線部④の(　　)に当てはまる語をア～ウから選び，記号で答えなさい。(5点)

(1)	
(2)	
(3)	
(4)	

4 次の日本文を英文にしなさい。ただし，(1)は出だしの語句に続けて書くこと。

(10点×2)

(1) このスープはよいにおいがします。

(2) 私は父にネクタイ(a tie)を選んであげました。

(1)	This soup　　.
(2)	

8 いろいろな文型（5文型）

定期テスト予想問題

別冊解答 P.10

目標時間	得点
45分	／100点

1 次の(1)～(3)と同じ文型を用いた文を，下のア～エから1つずつ選び，記号で答えなさい。（5点×3）

(1) My brother gave me a notebook.
(2) This flower smells sweet.
(3) We named this cat Mike.

ア I was running by the river.　イ I made him dinner.
ウ This is a box.　エ She kept them quiet.

(1)		(2)		(3)	

2 次の日本文に合うように，＿＿に適切な語を書きなさい。（5点×3）

(1) 私たちは彼らがその公園を掃除するのを手伝いました。
We ＿＿＿ ＿＿＿ ＿＿＿ the park.
(2) その少年は教師になりました。
The boy ＿＿＿ ＿＿＿ ＿＿＿ .
(3) あなたに買い物に行くよう頼んでもいいですか。
Can I ＿＿＿ you ＿＿＿ ＿＿＿ shopping?

(1)			
(2)			
(3)			

3 次の各組の英文がほぼ同じ意味を表すように，＿＿に適する語を書きなさい。（6点×2）

よくでる
(1) The teacher said to her students, “Be quiet.”
The teacher ＿＿＿ her students ＿＿＿ ＿＿＿ quiet.
(2) My grandfather bought me a new bike.
My grandfather ＿＿＿ a new bike ＿＿＿ ＿＿＿ .

(1)			
(2)			

4 次の日本文に合うように，(　　)内の語句を並べかえなさい。ただし，文頭にくる単語も小文字にしてあります。(6点×4)

(1) そのニュースは彼らを幸せにしました。
(them / made / news / happy / the).

(2) 彼はたくさんの手紙を私に送ってくれました。
(me / lot / he / letters / sent / of / a).

(3) 私はあなたにパーティーに来てもらいたいのです。
(the party / you / I / to / to / come / want).

(4) 私にあなたのノートを見させてもらえませんか。
(notebook / see / you / let / can / me / your)?

(1)	.
(2)	.
(3)	.
(4)	?

5 次の英文を読んで，あとの問いに答えなさい。

I'll talk about my friend, John. At first, I didn't like him because he didn't talk to us very often and always looked angry. But he was liked by so many students. I didn't know ①the reason.

One day after school, I lost my watch. It was very important for me and I looked for it *everywhere, but I couldn't find it. ②That made me really sad.

Then, John came and said to me, "Are you looking for something?" I said to him, "Yes, my watch." Then, he said, "③(it / me / help / for / you / look / let)." He looked for my watch with me, and we found it at last. I said, "Thank you very much, John. I am very happy." I found him very kind, and we started to talk. Now he is one of my best friends.

(注) everywhere　あらゆる所

(1) 下線部①の内容を次のように表すとき，(　　)に適する日本語を書きなさい。(完答12点)
あまり話しかけてこず，(a)(　　　　　)のに (b)(　　　　　)ことの理由。

(2) 下線部②の英文を，代名詞Thatが指す内容を明らかにして日本語にしなさい。(12点)

(3) 下線部③が本文の流れに合う英文になるように，(　　)内の語を並べかえなさい。ただし，文頭にくる単語も小文字にしてあります。(10点)

(1)	(a)		(b)	
(2)				
(3)				.

9 間接疑問文

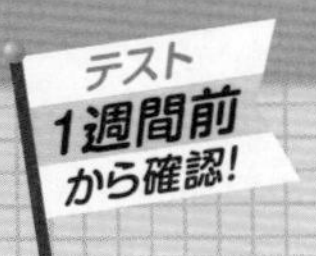

STEP 1 要点チェック

テスト 1週間前から確認!

1 間接疑問文

① 疑問文が別の文に含まれることを間接疑問という。また，間接疑問を含んだ文全体を間接疑問文という。

② **間接疑問の意味：「(疑問詞の意味：何が[を]，だれが[を]など)＋〜か」**

③ 疑問文(例: What does she want?)が間接疑問になると，ふつうの疑問文の語順と異なり〈**疑問詞＋主語＋動詞〜**〉の語順になる。主語が3人称単数のときは，動詞も3人称単数形をとる。

例文1 疑問文 What does she want?（彼女は何が欲しいのですか。）
疑問詞 助動詞 S V

例文2 間接疑問 I know what she wants .
S V O〈疑問詞＋S＋V〉
（私は彼女が何を欲しいのかを知っている。）

例文3 Do you know how much the book is ?
（その本がいくらか知っていますか。）

おぼえる! 間接疑問で使われる疑問詞

- why「なぜ〜」
- what「何が[を]〜」
- which「どちらの〜」
- how long「どれくらいの間〜」
- where「どこに[で，へ]〜」
- how「どうやって[どんなふうに]〜」
- who「だれが〜」
- how much「いくら〜」

間接疑問を目的語にとる動詞の例
know「〜を知っている」
understand「〜がわかる」
remember「〜を覚えている」
wonder「〜かしらと思う」

2 間接疑問文の時制の一致

間接疑問を含んだ文の動詞が過去形のとき，時制の一致でふつう間接疑問の動詞も過去形になる。

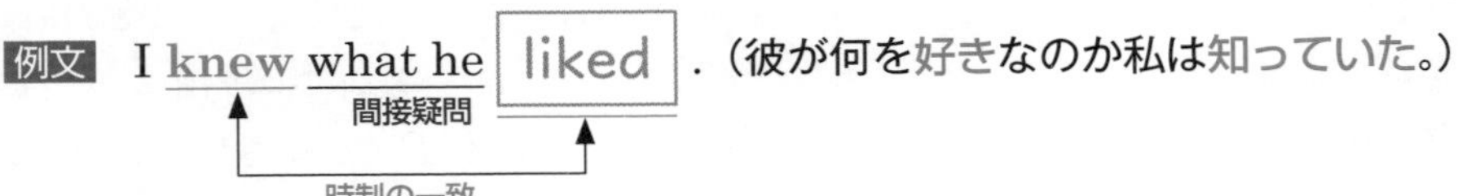

例文 I knew what he liked .（彼が何を好きなのか私は知っていた。）
間接疑問
時制の一致

3 S＋V＋O_1＋O_2(第4文型) と間接疑問

間接疑問はS＋V＋O_1＋O_2（第4文型）のO_2に入れることもできる。

例文 Mike told me what he wanted .
S V O1
O2

（マイクは私に，彼が何を欲しいのかを教えてくれました。）

STEP 2 基本問題

別冊解答 P.11

得点 ／100点

1 次の日本文に合うように，(　　)内から適切な語句を選び，○で囲みなさい。(10点×2)

(1) その店がどこにあるか調べましょう。
Let's check (where the shop is, where is the shop).

(2) 何が欲しいのか，私に教えてください。
Please tell me (what do you want, what you want).

2 次の日本文に合うように，______に適切な語を書きなさい。(10点×2)

(1) あなたは彼がいつ公園でテニスをするのか知っていますか。
Do you know ________ ________ ________ tennis in the park?

(2) 彼女は私に何を作っているのかたずねてきました。
She asked me ________ ________ ________ making.

3 次の日本文に合うように，(　　)内の語を並べかえなさい。(20点×3)

(1) 私は彼がどうやって彼女と友達になったか知っています。
I know (how / made / with / friends / he / her).

I know ____ .

(2) 昨日どれくらいの間勉強したか，私に教えていただけませんか。
Could you (you / long / tell / yesterday / studied / how / me)?

Could you ______________________________________ ?

(3) 私はだれがこの本を書いたのか知りません。
I (know / this / who / don't / book / wrote).

I ____ .

1
(1)「どこに～か」＝〈where＋主語＋動詞～〉
(2)「何が[を]～か」＝〈what＋主語＋動詞～〉

2
(2) 主となる文の動詞が過去形なので，時制の一致が起こる。

3
(1) 疑問詞のあとは〈主語＋動詞～〉の語順。「～と友達になる」はmake friends with ～。
(2)「どれくらいの間」＝how long
(3) 疑問詞が主語の役割を兼ねるとき，間接疑問は〈疑問詞＋動詞～〉の語順になる。

STEP 3 得点アップ問題

別冊解答 P.11

得点 ／100点

1 次の日本文に合うように，＿＿に適切な語を書きなさい。(6点×2)

(1) みんなあなたがそのかばんをどこで買ったかを知りたがっています。
Everyone wants to know ＿＿＿＿ ＿＿＿＿ ＿＿＿＿ the bag.

(2) 彼女は私に何をしているのか教えてくれませんでした。
She didn't tell me ＿＿＿＿ ＿＿＿＿ ＿＿＿＿ doing.

(1)			
(2)			

2 次の各組の英文がほぼ同じ意味を表すように，＿＿に適する語を書きなさい。(7点×3)

よくでる (1) { Why did she say that? I don't know that.
I don't know ＿＿＿＿ ＿＿＿＿ ＿＿＿＿ that.

(2) { Who made this cake? Please tell that to me.
Please tell me ＿＿＿＿ ＿＿＿＿ ＿＿＿＿ ＿＿＿＿ .

難 (3) { My mother said to me, "What do you want to have for dinner?"
My mother ＿＿＿＿ me ＿＿＿＿ ＿＿＿＿ ＿＿＿＿ to have for dinner.

(1)				
(2)				
(3)				

3 次の日本文に合うように，(　　)内の語句を並べかえなさい。ただし，不要な語句が1つ含まれています。また，文頭にくる単語も小文字にしてあります。(8点×2)

(1) オムレツをどう作るか，私に見せてください。
(you / an omelet / do / please / me / cook / how / show).

(2) 環境のために何をすべきかを確認してみましょう。
(do / we / let's / to / for the environment / what / check / should).

(1)	.
(2)	.

4 次のジュディ（Judy）とミホ（Miho）の対話文を読み，あとの問いに答えなさい。

Judy : Hi, Miho. ①(you / here / wonder / are / I / why). I thought you were in the park to play tennis with Taro.

Miho : Taro and I had a plan to do so, but Taro has caught a cold. He was told to stay at home by his parents, so I'm here in this library now.

Judy : That's too bad. So, what are you doing now?

Miho : I'm doing my English homework. ②Can (　　) (　　) (　　) do this homework?

Judy : Sure. What can I do for you?

Miho : ③(these / I / mean / words / don't / what / know).

Judy : Let's see .... This means "*omoide*," and this means "*yakusoku*" in Japanese.

Miho : Wow, great! You know some Japanese!

Judy : Thank you. I study Japanese every day by watching TV and a lot of movies.

(1) 下線部①・③が対話の流れに合う英文になるように，(　　) 内の語を並べかえなさい。

(8点×2)

(2) 下線部②が「私がこの宿題をするのを手伝ってくれますか」という意味になるように，(　　) に適切な語を1つずつ書きなさい。(8点)

(3) 次の英文のうち，本文の内容に合うものを**すべて**選び，記号で答えなさい。(完答9点)

ア Judy didn't think Miho was in the library.

イ Taro couldn't play tennis with Miho because he was sick.

ウ Miho was told to do her homework in the library.

エ Miho wanted to know the meaning of the word "peace."

オ Judy told Miho how she studied Japanese.

(1)	①	.		
	③	.		
(2)				
(3)				

5 次の日本文を (　　) 内の語数の英文にしなさい。(9点×2)

(1) あなたは今が何時か知っていますか。(8語)

(2) 私は彼にいつ日本に来る予定かをたずねました。(11語)

(1)	
(2)	

9 間接疑問文

10 SVO_1O_2のまとめ

テストがある日　月　日

STEP 1 要点チェック

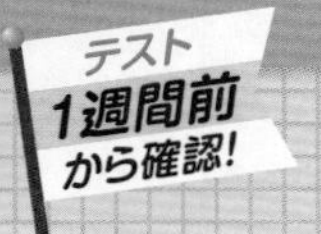

1 SVO_1O_2(第４文型)の基本

意味：「O_1 に O_2 を～する」…O_1 には「人」, O_2 には「もの」などを表す語句が入る。O_2 には名詞, 〈疑問詞＋不定詞〉, 間接疑問, that 節（＝〈(that ＋)主語＋動詞～〉）を入れることができる。

例文 I showed him my room .
S V O_1 O_2（名詞）

（私は彼に私の部屋を見せました。）

2 SVO_1O_2(名詞)：「O_1にO_2(〔ものなど〕)を～する」

例文 Can you [tell me the way to the station] ?
S V O_1 O_2（名詞）

（私にその駅への道を教えてくれますか。）

3 SVO_1O_2(〈疑問詞＋不定詞〉)：「O_1にO_2(何を〔どう, いつなど〕…すべきか)を～する」

例文 Can you [tell me how to get to the station] ?
S V O_1 O_2（〈疑問詞＋不定詞〉）

（私にその駅への行き方[その駅にどう着くべきか]を教えてくれますか。）

4 SVO_1O_2(間接疑問)：「O_1にO_2(何を〔どう, いつなど〕…か)を～する」

例文 Can you [tell me how I can get to the station] ?
S V O_1 O_2（間接疑問）

（私にどうすればその駅に着くことができるのかを教えてくれますか。）

5 SVO_1O_2(that節)：「O_1にO_2(…ということ)を～する」

例文 He [told me (that) I could get to the station in ten minutes] .
S V O_1 O_2（that 節）

（彼は私に 10 分でその駅に着くことができると教えてくれました。）

※主となる文の動詞 told が過去形であることから時制の一致が起こり,「着くことができる」が過去形 could を使って表されている。

STEP 2 基本問題

別冊解答 P.13

得点

／100点

1 次の日本文に合うように, ＿＿に適切な語を書きなさい。(10点×4)

(1) あなたのノートを見せてくれませんか。

Can you show me ＿＿＿ ＿＿＿ ?

(2) 私はあなたにスパゲッティの作り方を教えてほしいです。

I want you to tell me ＿＿＿ ＿＿＿ ＿＿＿ spaghetti.

(3) 私の両親は私に, 何を買ったのか見せてくれました。

My parents showed me ＿＿＿ ＿＿＿ ＿＿＿ .

(4) あなたがなぜ正しいのかを私たちに示してくれませんか。

Can you show me ＿＿＿ ＿＿＿ ＿＿＿ right?

2 次の日本文に合うように,(　　)内の語句を並べかえなさい。(15点×4)

(1) 彼は私に, オーストラリアではどこに行くべきか教えてくれました。

He (in / go / me / Australia / to / told / where).

He ＿＿＿＿＿＿＿＿＿＿＿＿ .

(2) 私は彼女に, 次に何をすべきかたずねました。

I (do / her / I / what / next / should / asked).

I ＿＿＿＿＿＿＿＿＿＿＿＿ .

(3) この本は, 科学がおもしろいということを私たちに示してくれます。

This book (interesting / us / science / shows / is).

This book ＿＿＿＿＿＿＿＿＿＿＿＿ .

(4) 私に動物園への行き方を教えてくれますか。

(you / get / the zoo / to / can / how / me / tell / to)?

＿＿＿＿＿＿＿＿＿＿＿＿ ?

1
(2)「～の仕方」＝〈how to＋動詞の原形 ～〉

2
(3) that節のthatが省略された形。

STEP 3 得点アップ問題

別冊解答 P.13

得点　　／100点

1 次の各組の英文がほぼ同じ意味を表すように，______に適する語を書きなさい。(6点×3)

(1) { This video shows us the way of cooking delicious curry.
　　This video shows us ________ ________ ________ delicious curry.

よくでる (2) { Can you tell me what to do next?
　　Can you tell me what ________ ________ ________ next?

難 (3) { Yuta said to me, "Where is Karen?"
　　Yuta ________ me ________ ________ ________ .

(1)				
(2)				
(3)				

2 次の日本文に合うように，(　　)内の語句を並べかえなさい。ただし，文頭にくる単語も小文字にしてあります。(8点×4)

(1) 誕生日に父が新しい自転車をくれました。
(on / a new bike / gave / my father / me) my birthday.

(2) 彼女は私に，いつその場所を訪れるべきか教えてくれました。
(to / she / the place / when / me / told / visit).

(3) 私は彼女に，どれくらいの間オーストラリアに滞在する予定かをたずねました。
(was / I / going / her / stay / she / long / to / how / asked) in Australia.

(4) 彼に，明日は数学の試験があると伝えていただけませんか。
(have / him / you / a math test / that / tell / could / we) tomorrow?

(1)	my birthday.
(2)	.
(3)	in Australia.
(4)	tomorrow?

3 次の英文は，アメリカから日本にホームステイに来ているケイト（Kate）が，アメリカにいる友人のエミリー（Emily）に送るために書いている手紙の一部です。これを読み，あとの問いに答えなさい。

Date : April 28

Dear Emily,

How are you? It's been two weeks since I came to Japan and I'm enjoying my life here. You told me that you wanted to know about my life in Japan, right? So I'm writing this letter to tell you about it.

I'm staying with a Japanese man, Mr. Yamashita, and his family. They are farmers and grow rice and some other kinds of vegetables. They start to work on their *fields at six o'clock every morning. I also get up before that to help them with their work. Working on their fields is very hard but interesting to me.

By the way, Mr. Yamashita told me an interesting thing. On my first day here, I worked on his rice field with him. Then, many small things were swimming in the water. I asked him what they were, and he told me that they were *tadpoles. I thought, "Why are they here?" and asked him the reason. Then, he told me that they protected the rice by eating *insects after becoming *frogs and that, thanks to them, he didn't have to use *pesticides for the rice. Isn't that interesting?

（注） field 畑，田　tadpole オタマジャクシ　insect 昆虫　frog カエル　pesticide 殺虫剤

（1） 次の英文が本文の内容に合うように，______に適切な語を書きなさい。（6点×2）

(a) Kate ________ Mr. Yamashita and his family ________ on their fields.

難 (b) Kate wondered why there were ________ ________ at Mr. Yamashita's rice field.

（2） 次の英文が本文の内容に合っていれば○，合っていなければ×を書きなさい。（6点×3）

(a) Kate has stayed in Japan since April 14.

難 (b) Kate gets up at six in the morning every day.

(c) Mr. Yamashita told tadpoles protected the rice by eating insects.

(1)	(a)			(b)		
(2)	(a)		(b)		(c)	

4 次の日本文を，（　　）内の語数の英文にしなさい。（10点×2）

（1） いつ日本に戻ってくるつもりか教えてください。（10語）

（2） その本は私に，私の考えが正しくないということを示しました。（8語）

(1)	
(2)	

10 SVOiOoのまとめ

定期テスト予想問題

別冊解答 P.14

目標時間	得点
45 分	／100点

1 次の各組の英文がほぼ同じ意味を表すように，＿＿に適する語を書きなさい。(5点×3)

よくでる (1) What does he like? I don't know that.
I don't know ＿＿＿＿ ＿＿＿＿ ＿＿＿＿ .

難 (2) He said to me, "Why do you think so?"
He ＿＿＿＿ me ＿＿＿＿ ＿＿＿＿ ＿＿＿＿ so.

(3) I asked my sister, "When will you come home?" But she didn't tell me.
My sister didn't tell me ＿＿＿＿ ＿＿＿＿ ＿＿＿＿ ＿＿＿＿ home.

(1)				
(2)				
(3)				

2 次の日本文に合うように，(　　)内の語句を並べかえなさい。ただし，文頭にくる単語も小文字にしてあります。(6点×4)

(1) あなたはいつトムと出会ったか覚えていますか。
(Tom / remember / you / you / met / do / when)?

(2) 私はだれがそのパーティーに行くのか知りません。
(the party / who / know / will / I / to / don't / go).

(3) この機械の使い方を教えていただけませんか。
(you / to / tell / this machine / how / could / use / me)?

(4) 彼女は私にリンゴがいくつ欲しいかたずねてきました。
(me / apples / asked / I / many / she / wanted / how).

(1)	?
(2)	.
(3)	?
(4)	.

3 次のカズキ (Kazuki) とキャシー (Cathy) の対話文を読んで，あとの問いに答えなさい。

Kazuki : Hi, Cathy. How is your life in Japan?

Cathy : It's very nice, Kazuki. This is my fifth day in Japan, but I have already made some friends like you.

Kazuki : I'm happy to hear that. What are you doing now?

Cathy : I'm going to make a *presentation in our English class next Friday, so I'm working for it.

Kazuki : I see. What is the presentation about?

Cathy : About my hometown, *Kelowna, in Canada. I found that many students here didn't know about the city. I'm sad about that, so through the presentation, I want to tell my classmates that it is a wonderful place to stay in.

Kazuki : That's nice. I'm looking forward to your presentation.

Cathy : Thanks. I want to use a computer. Can I use one in the computer room?

Kazuki : No, we can use computers there only in class. But you can use one in the library. Do you (　　　　　　　　)?

Cathy : Well ..., it's near the music room on the fourth floor, right?

Kazuki : Right. If you show your student card and talk to the *librarian, you can use a computer there.

（注） presentation プレゼンテーション，発表　Kelowna ケロウナ　librarian 司書

(1) キャシーはプレゼンテーションを通してどのようなことを伝えたいと思っていますか。具体的に日本語で答えなさい。(8点)

難 (2) 下線部が対話の流れに合う英文になるように，(　　)に適切な英語を4語で書きなさい。(9点)

(3) 次の英文が本文の内容に合っていれば○，合っていなければ×を書きなさい。(6点×4)

(a) Cathy has stayed in Japan for a week.

(b) Cathy became happy to learn that Kelowna was popular at her school.

(c) Kazuki is one of Cathy's classmates.

(d) Kazuki told Cathy how she could use a computer in the library.

(1)							
(2)							
(3)	(a)		(b)		(c)		(d)	

4 次の日本文を，(　　)内の語数の英文にしなさい。(10点×2)

(1) 明日の天気がどうなるか知っていますか。(9語)

(2) 京都でどこに行きたいか，私に教えてください。(10語)

(1)	
(2)	

11 現在分詞

テストがある日　月　日

STEP 1 要点チェック

テスト1週間前から確認！

1 現在分詞の基本

現在分詞とは「～している」という意味の動詞の ing 形。現在分詞は be 動詞をともなって進行形を作ったり，形容詞のように名詞を修飾したりすることができる。

動詞の ing 形は make → making, run → running など，ただ -ing をつけるだけではないものもあるので注意。

2 現在分詞の形容詞的用法

① **1 語のみで名詞を修飾する場合**：例えば **sitting** + **girl** のように，現在分詞（**sitting**）のみで名詞（**girl**）を修飾する場合は，現在分詞を名詞の前に置く。

例文 Do you know [the sitting girl] ?
（あなたはその座っている少女を知っていますか。）

② **2 語以上で名詞を修飾する場合**：例えば **girl** + **sitting near that tree** のように，現在分詞（**sitting**）とそれ以外の語句（**near that tree**）で名詞（**girl**）を修飾する場合は，現在分詞とそれ以外の語句を名詞のあとに置く。

例文 Do you know [the girl sitting near that tree] ?
（あなたはあの木の近くに座っている少女を知っていますか。）

ミス注意！
現在分詞の位置と日本語での意味
現在分詞＋名詞：　a rolling（転がる） stone（石）（転がる石）
→名詞と名詞を修飾する語の順が英語と日本語で同じであるため，意味をとらえやすい。
名詞＋現在分詞＋語句：a stone（石） rolling in the river（川の中を転がる）（川の中を転がる石）
→名詞と名詞を修飾する語句の順が英語と日本語で逆であるため，注意が必要。

3 形容詞として使われる現在分詞

「人を～な気持ちにさせる」という意味を持つ動詞はよく現在分詞の形で使われる。現在分詞では「～させるような」の意味になる。

surprise「驚かせる」→ surprising（現在分詞） news（名詞）（驚かせるような知らせ）
＝驚くべき知らせ

よくでる 感情を表す現在分詞

amazing 驚くべき　amusing おもしろい　boring うんざりするような（退屈な）
disappointing がっかりさせる　exciting 興奮する　interesting 興味深い
pleasing 愉快な　satisfying 満足を与える　surprising 驚くべき

STEP 2 基本問題

別冊解答 P.15

得点

／100点

1 次の(　　)内の語を適切な形になおし，＿＿に書きなさい。

(10点×3)

(1) There are two horses ＿＿＿＿＿＿ grass. (eat)

(2) The cat ＿＿＿＿＿＿ on the chair is mine. (sit)

(3) The girl ＿＿＿＿＿＿ tennis over there is my sister. (play)

2 次の日本文に合うように，(　　)内から適する語を選び，○で囲みなさい。(10点×4)

(1) タロウは公園で遊んでいるあの女の子が好きです。
Taro likes that girl (play, playing) in the park.

(2) あの眠っている女の子はあなたの子どもですか。
Is that (sleeps, sleeping) girl your child?

(3) タケルと話している男の子は私の弟です。
The boy (talk, talking) with Takeru is my brother.

(4) クッキーを作っているあの女性は，私の母です。
That woman (making, make) cookies is my mother.

3 次の日本文に合うように，(　　)内の語を並べかえなさい。ただし，文頭にくる単語も小文字にしてあります。(15点×2)

(1) 校庭を走っている女の子は私のクラスメートです。
(running / the / playground / on / girl / the) is my classmate.

＿＿＿＿＿＿＿＿＿＿＿＿＿＿ is my classmate.

(2) 私は興味深い本を見つけました。
I (interesting / found / an / book).

I ＿＿＿＿＿＿＿＿＿＿＿＿＿＿.

1
(2) sitのing形はtを重ねることに注意する。

2
現在分詞の基本形は，〈動詞の原形＋ing〉で表す。
(1)(3)(4) 2語以上（現在分詞を含む修飾語句）で修飾する場合は名詞のあと。
(2) 現在分詞1語で修飾する場合は名詞の前。

3
(2) interest「～に興味を起こさせる」のing形が形容詞のinteresting。

STEP 3

得点アップ問題

別冊解答 P.15

得点

／100点

1 日本文に合う英文になるように，(　　)内の語を適切な形になおし，書きなさい。(5点×4)

(1) 向こうを走っている犬が見えますか。(run)
Can you see a dog __________ over there?

(2) ソフトボールをしている少年たちは私の友達です。(play)
The boys __________ softball are my friends.

(3) 読書をしているその女の子は，夏目漱石のファンです。(read)
The girl __________ a book is a fan of Soseki Natsume.

よくでる (4) 海で泳いでいる男の子を見てください。(swim)
Look at the boy __________ in the sea.

(1)		(2)	
(3)		(4)	

2 次の日本文に合うように，(　　)内の語句を並べかえなさい。ただし，不要な語句が1つ含まれています。また，文頭にくる単語も小文字にしてあります。(5点×4)

(1) あのテニスをしている女の子はエリカです。
(play / that girl / Erika / tennis / is / playing).

(2) その写真の中でほほえんでいる男の人はトムです。
(Tom / smile / in / smiling / the man / is / the picture).

(3) 彼のとなりに座っている少女は，私の友達のジュディです。
(next to / is / my friend Judy / him / sitting / the girl / sit).

(4) 彼を追いかけている犬は，とても大きいです。
(running / after / run / is / the dog / him) very big.

(1)	.
(2)	.
(3)	.
(4)	very big.

3 次の英文は，カオル（Kaoru）さんが書いた修学旅行の感想文です。これを読んで，あとの問いに答えなさい。

We went to Kyoto on a school trip in October. Kyoto is an *old city with many *temples.

We visited Kiyomizu-dera by bus. ①It is a *World Heritage Site and many *tourists from all over the world visit it. As you know, the *saying "*to take the plunge" is famous in Japan.

It *is located on the top of a mountain and we could see a nice view. Because of the beautiful *sight from the *stage, there were ②写真を撮るたくさんの人がいました。 Many people think that Kiyomizu-dera is beautiful.

We talked about the *greatness of Kiyomizu-dera. It was a really (③) place.

（注） old city 古都　temple 寺　World Heritage Site 世界遺産　tourist 観光客　saying ことわざ　to take the plunge 清水の舞台から飛び降りる　be located ～に位置する　sight 景色　stage 舞台　greatness 素晴らしさ

(1) 下線部①を日本語にしなさい。(10点)

(2) 下線部②の日本文に合う英文を，与えられた語句は含めずに4語で書きなさい。(10点)

there were ______________________________.

(3) (③)に当てはまる語を下のア～エから１つ選び，記号で答えなさい。(10点)

ア disappointing　イ boring

ウ rolling　エ amazing

(4) 本文の内容に合うものを次のア～エから１つ選び，記号で答えなさい。(10点)

ア Kaoru had a school trip in September.

イ Kyoto is a historic city and many tourists visit it.

ウ Kaoru went to Kiyomizu-dera by train.

エ Kaoru couldn't see a nice view from the stage of Kiyomizu-dera.

(1)			
(2)	there were .		
(3)		(4)	

4 相手に，「タロウ（Taro）と話している女の人は私の姉です。」と説明するとき，英語でどのように言いますか。現在分詞を使った英文で答えなさい。(20点)

11 現在分詞

12 過去分詞

テストがある日
月　日

STEP 1 要点チェック

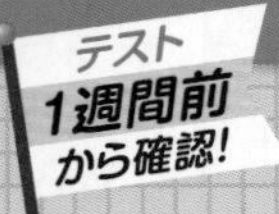

1 過去分詞の基本

過去分詞は受け身や現在完了などの形を作るのに使われる。また，過去分詞は「～され（てい）る，～された」という意味で，形容詞のように名詞を修飾することができる。

規則動詞→過去分詞は過去形と同じく -ed のついた形。
不規則動詞→過去分詞の形は動詞によりさまざま。
例 make → made，take → taken など

2 過去分詞の形容詞的用法

① **1語のみで修飾する場合**：例えば **used** + **car** のように，過去分詞（**used**）のみで名詞（**car**）を修飾する場合は，過去分詞を名詞の前に置く。

例文 I want a used car .（私は使われた車〔中古車〕が欲しいです。）

② **2語以上で修飾する場合**：例えば **car** + **made in Japan** のように，過去分詞（**made**）とそれ以外の語句（**in Japan**）で名詞（**car**）を修飾する場合は，過去分詞とそれ以外の語句を名詞のあとに置く。

例文 I want a **car made in Japan**.（私は日本で作られた車〔日本製の車〕が欲しいです。）

過去分詞の位置と日本語での意味
過去分詞＋名詞：　spoken English（話される英語）
└話される └英語
→名詞と名詞を修飾する語の順が英語と日本語で同じであるため，意味をとらえやすい。

名詞＋過去分詞＋語句：English spoken in Australia
└英語 └オーストラリアで話される
（オーストラリアで話される英語＝オーストラリア英語）
→名詞と名詞を修飾する語句の順が英語と日本語で逆であるため，注意が必要。

3 過去分詞の形容詞的用法の頻出表現

「人を～な気持ちにさせる」という意味を持つ動詞はよく過去分詞の形でも使われる。過去分詞では「～した」，「～している」という意味で使われる。

例 an **excited audience**　（興奮させられた観衆（→興奮している観衆））
an **audience excited by a seesaw game**（接戦に興奮している観衆）

よくでる 感情を表す過去分詞

amazed びっくりした　amused おもしろがっている　bored うんざりした
confused 混乱した　disappointed がっかりした　excited 興奮した
interested 興味を持った　pleased 喜んだ　satisfied 満足している　tired 疲れた

STEP 2

基本問題

別冊解答 P.16

得点

／100点

1 次の日本文に合う英文になるように，(　　) 内の語を適切な形になおし，______に書きなさい。(10点×4)

(1) これは，彼によって書かれた物語です。
This is the story (write) by him. ______________

(2) あれがジョンによって壊された窓です。
That is the window (break) by John. ______________

(3) あの興奮した人々は恐ろしいです。
Those (excite) people are scary. ______________

(4) その国で話されている言語は何ですか。
What is the language (speak) in the country?
____

2 次の日本文に合うように，(　　) 内の語を並べかえなさい。(15点×2)

(1) 私の父が作ったその夕食はおいしかったです。
The dinner (cooked / my / by / father) was delicious.

The dinner ______________________________ was delicious.

(2) 私は彼が捕まえた魚を食べました。
I ate the fish (by / him / caught).

I ate the fish ______________________________.

3 次の(　　) 内の語を適切な形になおし，______に書きなさい。(10点×3)

(1) He bought me a bag ______________ in France. (make)

(2) The boy ______________ soccer over there is my brother.
(play)

(3) What was in the box ______________ to her? (give)

1
名詞の前，もしくはあとに過去分詞を置くことで，「～された」などの意味で名詞を修飾することができる。
(1)(2)(4)過去分詞を含めて2語以上で後ろから名詞を修飾する形。
(3)過去分詞1語で前から名詞を修飾する形。

2
(1)byは過去分詞のあとに置く。

3
修飾される名詞と，修飾する分詞の関係が能動「～する，～している」なのか受け身「～されている，～された」なのかどうかで動詞の形を判断する。

STEP 3 得点アップ問題

別冊解答 P.16

得点 ／100点

1 次の日本文に合う英文になるように,(　　)内の語を適切な形になおして書きなさい。(6点×4)

よくでる (1) その壊れた窓に触ってはいけません。(break)
Don't touch the ＿＿＿＿＿ window.

(2) イタリアでデザインされたそのドレスは美しいです。(design)
The dress ＿＿＿＿＿ in Italy is beautiful.

(3) 私はゆでた野菜が好きです。(boil)
I like ＿＿＿＿＿ vegetables.

(4) 彼は木でできたスプーンを使いました。(make)
He used a spoon ＿＿＿＿＿ of wood.

(1)		(2)		(3)	
(4)					

2 次の日本文に合う英文になるように,(　　)内の語句を並べかえなさい。ただし,不要な語句が1つ含まれています。また,文頭にくる語も小文字にしてあります。(7点×4)

難 (1) 彼が見せてくれた地図は使いやすいです。
(useful / the map / him / is / showing / shown / by).

(2) あの店で買った時計は壊れていました。
(broken / bought / the watch / that shop / at / was / breaking).

(3) 興奮した2人の男が大きな声で話しています。
(men / talking / are / excited / two / exciting) loudly.

よくでる (4) ミホによって投げられたボールは私のものでした。
(is / was / Miho / thrown / the ball / by) mine.

(1)	.
(2)	.
(3)	loudly.
(4)	mine.

3 次のナオミ（Naomi）が書いた読書感想文を読んで，あとの問いに答えなさい。

①Have you ever read a book called *"Kuroi Ame" written by *Ibuse Masuji? It is a story about the *atomic bomb *dropped on Hiroshima and some *survivors of the atomic bomb.

This story was *published *not only in Japanese but also in English. The English *edition is called "Black Rain." ②それは，長い間たくさんの人々に読まれている本です。

Reading this book always makes me very sad. But it helps me learn more about the *reality of atomic bombs. I don't want people to repeat such a *mistake, so I think we should read books like this.

（注） "Kuroi Ame" 『黒い雨』 Ibuse Masuji 井伏鱒二 atomic bomb 原子爆弾 drop ～を落とす survivors of the atomic bomb 被爆者 publish ～を出版する not only A but also B AだけでなくBも edition （本などの）版 reality 真実 mistake 間違い

（1）下線部①を日本語にしなさい。（10点）

（2）下線部②の日本文に合う英文を，与えられた語句は含めずに4語で書きなさい。（10点）

It is a book ＿＿＿＿＿＿＿＿＿＿＿＿ for a long time.

（3）本文の内容に合うものを次のア～エから1つ選び，記号で答えなさい。（8点）

ア The book written by Ibuse Masuji was not published in English.

イ Reading "Kuroi Ame" makes Naomi very happy.

ウ "Kuroi Ame" tells Naomi the reality of atomic bombs.

エ Naomi doesn't think we need to read a book like "Kuroi Ame."

（1）	
（2）	It is a book　　　　　　for a long time.
（3）	

4 次の日本文を英文にしなさい。（10点×2）

（1）あの白く塗られた壁を見なさい。

（2）彼はゆで卵は好きではありません。

（1）	
（2）	

12 過去分詞

定期テスト予想問題

別冊解答 P.17

目標時間	得点
45分	／100点

1 次の英文が意味の通るものになるように，(　　)内の語を適切な形になおしなさい。(6点×4)

(1) I have a friend (live) in Australia.

(2) He has a bag (make) in Japan.

(3) I like cookies (sell) at this shop.

(4) Look at that cat (sit) under the tree.

(1)		(2)	
(3)		(4)	

2 次の日本文に合うように，(　　)内の語句を並べかえなさい。ただし，下線部の語は適切な形になおすこと。また，文頭にくる単語も小文字にしてあります。(7点×4)

(1) 私は中古車を購入する予定です。
(to / a / going / <u>use</u> / I / car / buy / am).

(2) 公園で走っている子どもたちが見えますか。
(see / children / you / the park / the / in / <u>run</u> / do)?

(3) あの歌っている女の子はだれですか。
(is / that / who / girl / <u>sing</u>)?

(4) 祖父は英語で書かれた新聞を読みます。
(English / reads / in / a newspaper / my grandfather / <u>write</u>).

(1)	.
(2)	?
(3)	?
(4)	.

3 次のシホ（Shiho）とエイミー（Amy）の対話文を読んで，あとの問いに答えなさい。

Shiho : Hi, Amy. What are you doing here?
Amy : Hi, Shiho. I'm thinking about joining a club, but I can't choose one.
Shiho : Which clubs are you interested in?
Amy : The basketball team and the English club. Do you know about them?
Shiho : Yes. The basketball team has about fifty members. They practice from Mondays to Thursdays, and sometimes on Saturdays.
Amy : Oh, really? I have many things to do on weekends, so I can't join the team. How about the English club?
Shiho : It's an old club made thirty years ago, and it's still very popular. I'm a member of the club. We do many kinds of activities there such as playing games and learning about foreign countries.
Amy : ①(　　　　　　　　　　), too?
Shiho : No. Just on Mondays, Wednesdays, and Fridays.
Amy : That's nice. I want to join it.
Shiho : Then, you have to talk to the English teacher, Mr. Sasaki.
Amy : Mr. Sasaki? I have never seen him.
Shiho : Look. There is a man drinking water by the gym. Can you see him? He is Mr. Sasaki.
Amy : I see. Thank you, Shiho. I'll talk to him.

(1) 下線部①が対話の流れに合う文になるように，（　　）に適切な英語を書きなさい。(8点)
(2) 本文の内容に合うように，次の質問に主語と動詞のある英文で答えなさい。(8点×3)
(a) How many students are there in the basketball club?
(b) When was the English club made?
(c) What is Mr. Sasaki doing?

(1)		, too?
(2)	(a)	
	(b)	
	(c)	

4 次の日本文を，（　　）内の語数の英文にしなさい。(8点×2)
(1) あなたのお兄さんと話している女の子はだれですか。（8語）
(2) これらはオーストラリアで撮られた写真です。（7語）

(1)	
(2)	

11〜12 定期テスト予想問題

13 関係代名詞①
— 主格のwho / that —

テストがある日
月　日

STEP 1 要点チェック

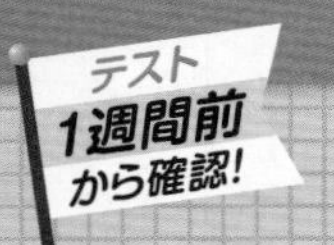

1 関係代名詞とは

関係代名詞は接続詞と代名詞のはたらきをする語。名詞のあとに節をつなげて，その名詞を説明(修飾)する場合に使われる。関係代名詞が作る節は，名詞を修飾する。
（節：主語と動詞のある語のつながり）

ポイント 関係代名詞による修飾

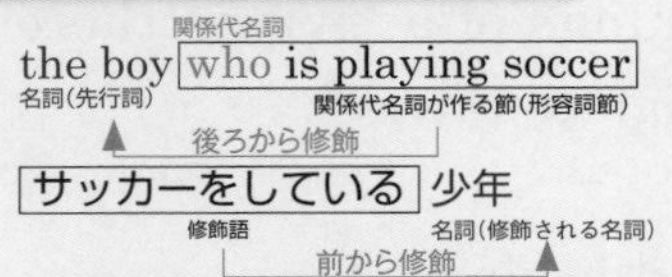

日本語では前から名詞を修飾するが，英語では，関係代名詞を使うと，名詞を後ろから修飾する。関係代名詞 who の前にある名詞 the boy を先行詞という。関係代名詞が作る節 who is playing soccer は，先行詞 the boy を修飾している。

2 主格の who

① **意味**：関係代名詞 **who** は，先行詞が「人」であるときに使い，後ろから先行詞を修飾する。主格の who は**関係代名詞が作る節**の中で**主語のはたらき**をする。

② **基本形**：〈…(先行詞)＋ **who** ＋動詞 ～〉の形で，「～する…」の意味を表す。

（台所で料理をしている その少女はカヨです。）

③ 主格の who は **that** に置きかえることができる。このとき文の意味は変わらない。

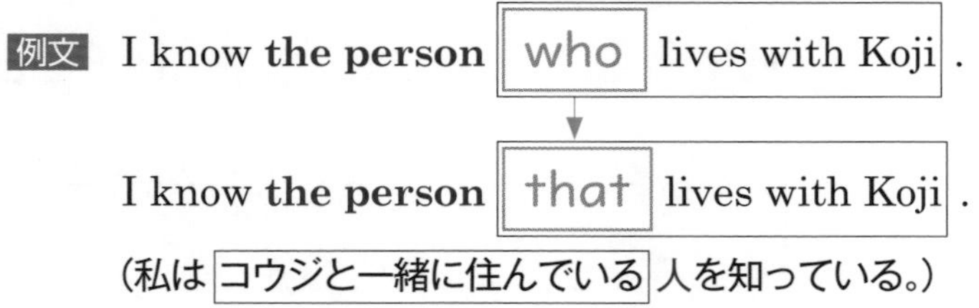

例文 I know the person who lives with Koji .
I know the person that lives with Koji .

（私は コウジと一緒に住んでいる 人を知っている。）

④ 主格の who のあとに続く動詞の形は，**先行詞の人称・数に合わせる**。

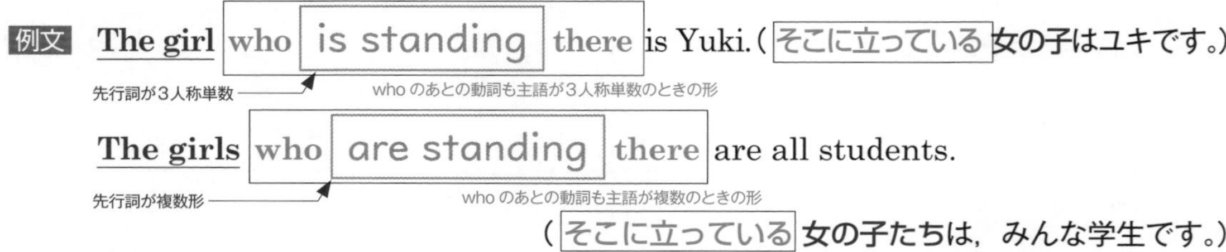

例文 The girl who is standing there is Yuki.
先行詞が3人称単数
whoのあとの動詞も主語が3人称単数のときの形
The girls who are standing there are all students.
先行詞が複数形
whoのあとの動詞も主語が複数のときの形

（そこに立っている 女の子はユキです。）

（そこに立っている 女の子たちは，みんな学生です。）

STEP 2 基本問題

別冊解答 P.18

得点

／100点

1 次の日本文に合うように（　　）内から適する語を選び，◯で囲みなさい。（12点×3）

(1) アイスクリームを食べたがっている女の子はシオリです。
The girl who (wants, want) to have ice cream is Shiori.

(2) その部屋で歌っていた生徒たちを知っていますか。
Do you know the students who (was, were) singing in the room?

(3) 私には，医者の友達がいます。
I have a friend who (is, are) a doctor.

2 現在分詞・過去分詞を使った次の文を，関係代名詞を使った文に書きかえなさい。（16点×4）

(1) 舞台に座っているその少女は，ダンサーになりたいと思っています。
The girl sitting on the stage wants to be a dancer.

The girl __________ __________ __________ on the stage wants to be a dancer.

(2) あの車を運転している人を知っていますか。
Do you know the person driving that car?

Do you know the person __________ __________ __________ that car?

(3) 彼はみんなから尊敬される人物です。
He is a person respected by everyone.

He is a person __________ __________ __________ by everyone.

(4) この子がトムに愛されている女の子です。
This is the girl loved by Tom.

This is the girl __________ __________ __________ by Tom.

1
主格の関係代名詞whoに続く動詞は，先行詞の人称や数，文の時制に対応する。

2
現在分詞，過去分詞を使った文は関係代名詞を使った文に書きかえることができる。
(3) respect「尊敬する」

STEP 3 得点アップ問題

別冊解答 P.18

得点 ／100点

1 次の日本文に合うように，(　　)内の語を並べかえなさい。(6点×3)

(1) ユタカは，おもしろい女の子が好きです。
Yutaka likes (girls / funny / are / who).

(2) あなたは今までに空を飛べる人を見たことがありますか。
Have you ever seen (person / can / a / who / fly)?

(3) 山本先生は，宿題をたくさん出す先生だと知られています。
Mr. Yamamoto is known as (who / us / teacher / gives / a) a lot of homework.

(1)	Yutaka likes .
(2)	Have you ever seen ?
(3)	Mr. Yamamoto is known as
	a lot of homework.

2 次の日本文に合うように，＿＿＿に適切な語を1語ずつ書きなさい。(7点×4)

よくでる

(1) ユキはドアのそばに立っていた男の人に話しかけました。
Yuki talked to the man ＿＿＿ ＿＿＿ ＿＿＿ by the door.

(2) 昨日，私の家の隣に住んでいる人に出会いました。
I met a person ＿＿＿ ＿＿＿ next to my house yesterday.

(3) 腕にネコを抱いているあの女性が見えますか。
Can you see that woman ＿＿＿ ＿＿＿ holding a cat in her arms?

(4) 財布を忘れたのは，ハルカです。
The person ＿＿＿ ＿＿＿ the wallet ＿＿＿ Haruka.

(1)			
(2)			
(3)			
(4)			

3 次のシオリ（Shiori）とアンディ（Andy）の対話文を読んで，あとの問いに答えなさい。

Shiori : ①(have / who / Chinese / do / any friends / speak / you)?

Andy : Why?

Shiori : A Chinese family moved in next to my house. The daughter speaks Japanese a little. She told me her mother has a problem with her eyes. She doesn't speak Japanese at all. I don't speak Chinese, but I want to do something for them.

Andy : I see .... Do you know Yuka? She stayed in China for two years when she was an elementary school student. I think we can ask her to help them.

Shiori : Really? Can you introduce her to me? Is Yuka the girl who is always with Emi?

Andy : Yes. I'm sure she will say, "Yes." ②彼女は他の国出身の友達を作ることが好きです。

よくでる (1) 次の日本文に合うように，下線部①の（　　）内の語句を並べかえなさい。ただし，文頭にくる単語も小文字にしてあります。(10点)

中国語を話す友達はいますか。

(2) 下線部②に合う英文を，関係代名詞whoと次の語句を含め９語で書きなさい。ただし，必要があれば適切な形にかえて書きなさい。(12点)

他の国 other countries，友達を作る make friends

(3) 本文の内容について，次の質問に英語で答えなさい。(12点)

How long did Yuka stay in China?

(1)	?
(2)	
(3)	

4 あなたの友達について英語２文以上で紹介しなさい。ただし，英文には関係代名詞whoを用いた英文を必ず１文以上含めること。(20点)

14 関係代名詞②
— 主格のwhich / that —

テストがある日　月　日

STEP 1 要点チェック

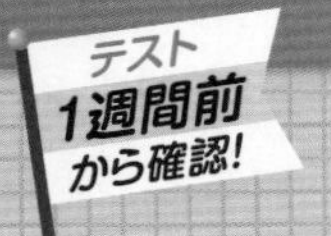

1 主格の which

① 関係代名詞 **which** は，先行詞が「物」や「動物」など，**「人以外」**であるときに使い，後ろから先行詞を修飾する。主格の which は**関係代名詞が作る節**の中で**主語のはたらき**をする。〈…(先行詞)＋ **which** ＋動詞 〜〉の形で，「〜する…」の意味になる。

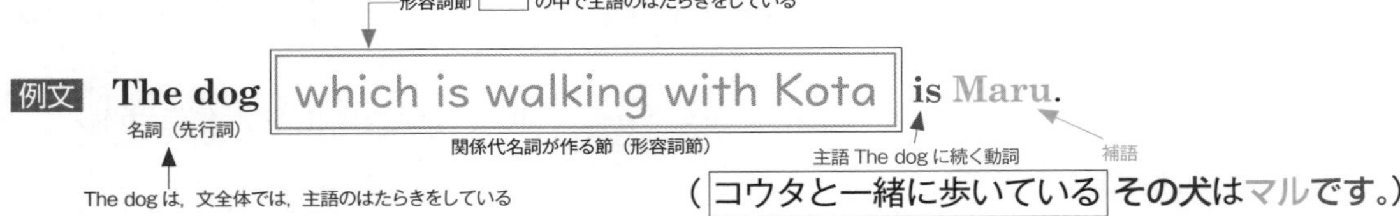

（コウタと一緒に歩いている その犬はマルです。）

② 主格 which のあとに続く動詞の形は，**先行詞の人称・数に合わせる。**

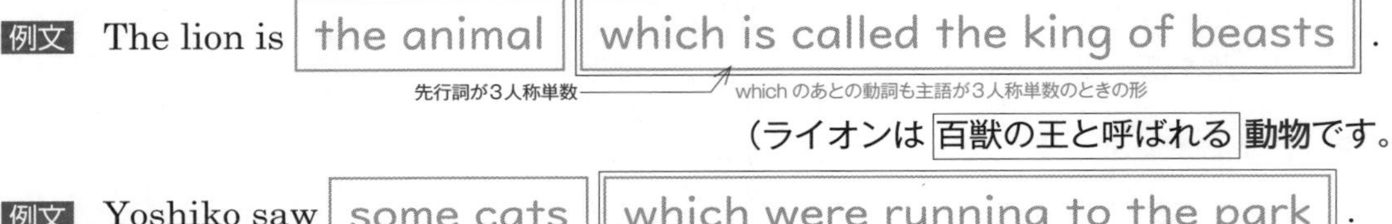

例文 The lion is the animal which is called the king of beasts .
先行詞が3人称単数
which のあとの動詞も主語が3人称単数のときの形

（ライオンは 百獣の王と呼ばれる 動物です。）

例文 Yoshiko saw some cats which were running to the park .

先行詞が複数形　which のあとの動詞も主語が複数のときの形

（ヨシコは 公園に走っていく 数匹のネコを見ました。）

2 主格の that

関係代名詞 **that** は，先行詞が「人」のときでも「人以外」のときでも使える。主格の that のはたらきや使い方は，主格の who や which と同じ。

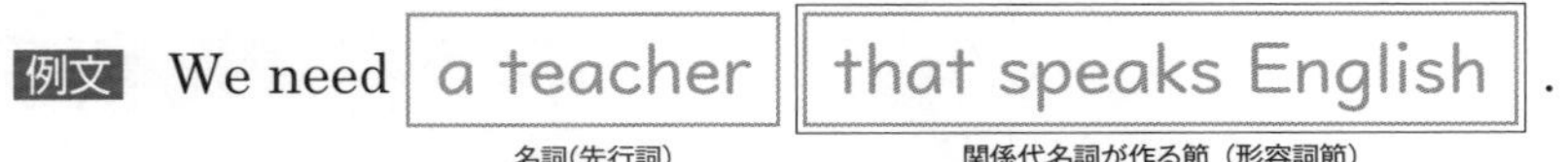

例文 We need a teacher that speaks English .
例文 The dog which is walking with Kota is Maru.
名詞(先行詞)
関係代名詞が作る節（形容詞節）

（私たちには 英語を話す 先生が必要です。）

> 先行詞に序数（first, second など），the only，all，every，no，最上級などがつくときや，先行詞が all，everything，〈人＋ and ＋動物〉などのときは，that を使うことが好まれる。
>
> 例文 This is **the best picture** **that** was taken by her.
>
> （これは 彼女によって撮られた いちばんよい写真です。）
>
> Look at **the boy and the dog** **that** are walking together.
>
> （一緒に歩いている 男の子と犬を見てください。）

STEP 2 基本問題

テスト 5日前 から確認!

別冊解答 P.19

得点 ／100点

1 次の日本文に合うように，(　　)内から適する語を選び，○で囲みなさい。(12点×3)

(1) これはブラック先生に愛されている歌です。
This is the song (which, who) is loved by Mr. Black.

(2) ユキは，先月生まれた犬を見ました。
Yuki saw a dog (which, who) was born last month.

(3) 3年前に建てられたその学校には，室内プールがあります。
The school which (was, is) built three years ago has an indoor pool.

2 次の日本文に合うように，______に適切な語を書きなさい。(16点×2)

(1) ソファの上で遊んでいるネコたちは兄弟です。
The cats __________ __________ __________ on the sofa are brothers.

(2) 彼は長い歴史で有名な学校へ行きました。
He went to a __________ __________ __________ famous for its long history.

3 次の日本文に合うように，(　　)内の語句を並べかえなさい。ただし，文頭にくる単語も小文字にしてあります。(16点×2)

(1) あれはユカと一緒に住んでいるネコですか。
Is that (lives / the cat / which) with Yuka?

Is that ______________________________ with Yuka?

(2) 大きなハンドルがあるその自転車はこの店では売っていません。
(handlebars / is / has / big / the bicycle / which) not sold at this shop.

____
not sold at this shop.

1
whichは先行詞が「人以外」であるときに使い，後ろから名詞を修飾する。主格のwhichのあとに続く動詞の形は，先行詞の人称や数，文の時制に合わせる。

2
(1) 先行詞が主語になる場合〈主語(先行詞)＋(主格のwhich＋whichに続く動詞〜)＋主語に続く動詞〜〉
(2) 先行詞が目的語，補語になる場合〈主語＋動詞＋目的語または補語(先行詞)＋(主格のwhich＋whichに続く動詞〜)〉

STEP 3 得点アップ問題

別冊解答 P.19

得点 ／100点

1 次の日本文に合うように，(　　) 内の語句を並べかえなさい。ただし，文頭にくる単語も小文字にしてあります。(7点×5)

(1) 彼に使われているその財布は古いものです。
The wallet (by / used / is / which / him) is old.

よくでる (2) ユウジは川に落ちたネコを助けました。
Yuji helped (fell into the river / which / the cat).

(3) 子どもに人気のこのテレビゲームは，現在品切れ(sold out)です。
(among / this video game / kids / which / is / popular) is sold out now.

(4) 私は駅の近くに建てられた図書館を知っています。
I know (which / near / the library / was / the station / built).

(5) ゆっくり動くその動物にみんなが興味があります。
Everyone (moves / interested / in / which / is / the animal) slowly.

(1)	The wallet　　　　　　　　　　is old.
(2)	Yuji helped　　　　　　　　　　.
(3)	is sold out now.
(4)	I know　　　　　　　　　　.
(5)	Everyone　　　　　　　　　　slowly.

2 次の各組の文がほぼ同じ内容を表すように，＿＿＿に適切な語を書きなさい。(8点×2)

(1) { Please tell me about the dog waiting for someone at the station.
Please tell me about the dog ＿＿＿＿＿ is waiting for someone at the station.

(2) { I was looking for the book given to me by Ryota.
I was looking for the book ＿＿＿＿＿ was given to me by Ryota.

(1)		(2)	

3 次の文はクリスマス前にサリー(Sally)がサンタクロースに宛てて書いた手紙です。これを読んで，あとの問いに答えなさい。

Dear Santa,

My name is Sally. I am a ten-year-old girl. My mother told me to write a letter to you.

I'd like to make a *request for Christmas presents. Would you do me a favor? ①私は大きな目をした犬が欲しいです。②(that / wants / a comic / among / popular / his friends / my younger brother / is). *The other day, my mother said, " I want a big black bag to go to the library with." So I'd like to have a big black bag made of *leather for my mother. And for my father, I'd like to get new shoes, because his shoes have become old.

I'm waiting for you!

With a lot of love,
Sally

(注) request 依頼 the other day 先日 leather 革，革製品

(1) 下線部①の日本文に合うように，(　　)内の語句を順番どおりに使って書きなさい。(9点)
(want / which / big eyes)

難 (2) 次の日本文に合うように，下線部②の(　　)内の語句を並べかえなさい。ただし，文頭にくる単語も小文字にしてあります。(10点)
私の弟は彼の友達の間で人気がある1冊のマンガを欲しがっています。

(3) 本文に合うように次の質問に英語で答えなさい。(10点)
What does Sally want for her mother?

(1)	
(2)	.
(3)	

4 次の日本文に合うように，＿＿＿に語句を書いて英文を完成させなさい。ただし，関係代名詞whichを用いること。(10点×2)

(1) 生徒たちは，写真がたくさんのっているその教科書が好きです。
＿＿＿＿＿＿＿＿＿＿＿＿＿＿ has a lot of pictures.

難 (2) 今までに美しい庭園(garden)がある場所に行ったことはありますか。
Have you ever been to a place ＿＿＿＿＿＿＿＿＿＿＿＿＿＿?

(1)	has a lot of pictures.
(2)	Have you ever been to a place ?

15 関係代名詞③
— 目的格のwhich / that —

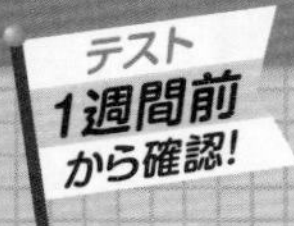

STEP 1 要点チェック

テスト1週間前から確認!

1 目的格の which，that

目的格の関係代名詞は，**関係代名詞が作る節**の中で**目的語のはたらきをする**。目的格の関係代名詞には **which** と **that** がある。

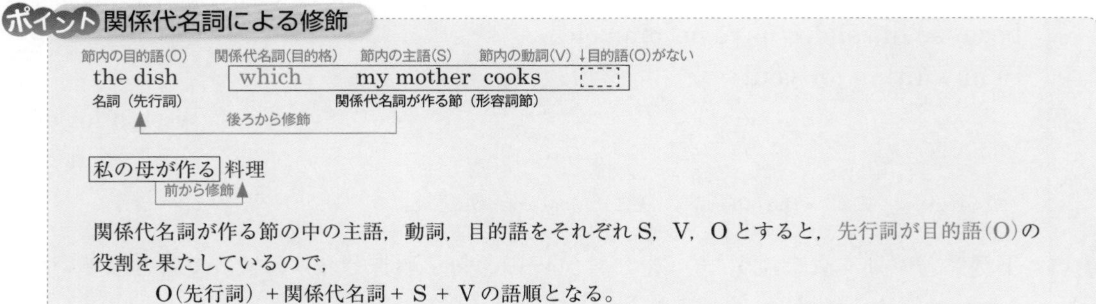

節内の目的語(O)

which は，先行詞が「人」以外のときに使われる。

関係代名詞
例文 She is a singer that everyone loves .
例文 These are the pictures which I took in the US .
節内の主語(S)
節内の動詞(V) ↓目的語(O)がない
which my mother cooks
名詞（先行詞）
関係代名詞が作る節（形容詞節）
前から修飾
関係代名詞が作る節の中の主語，動詞，目的語をそれぞれS，V，Oとすると，先行詞が目的語(O)の役割を果たしているので，

（これらは アメリカで私が撮った 写真です。）

that は，先行詞が「人」のときも，「人以外」のときも使うことができる。

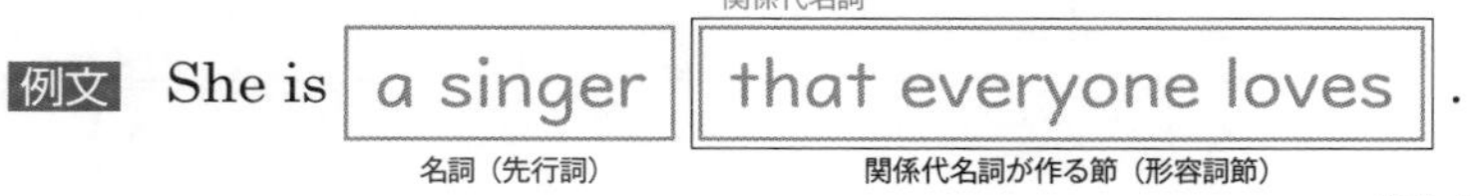

（彼女は だれもが愛する 歌手です。）

2 that が使われる場合

関係代名詞を含む文で，次に示す状況では，関係代名詞はふつう **that** を使う。

① 先行詞に〈**the**+最上級の形容詞〉がつく場合

② 先行詞に次のような語句がついている場合

序数…**the first**(最初の) 限定する語…**the only**(唯一の)，**the same**(同じ)，**the last**(最後の) **all**(すべての)　**every**(すべての)　**no**(1つも〔1人も〕～ない)　**any**(どんな)

③ 先行詞が **everything, nothing, anyone** などの場合

④ 先行詞が〈人 + 人以外〉の場合

⑤ 文中で疑問詞 who，which が使われている場合

STEP 2 基本問題

別冊解答 P.20

得点

／100点

1 次の日本文に合うように，______に適切な語を書きなさい。(10点×4)

(1) それは私が初めて撮った写真です。
That is the first picture __________ I took.

(2) 彼がそのお金を渡した女性はだれですか。
Who is the woman __________ he gave the money?

(3) 彼女が作った夕食はあなたのためのものです。
The dinner __________ she cooked is for you.

(4) その少年があなたに言ったことはみなうそでした。
Everything __________ the boy told you was a lie.

2 次の2つの文を1つの文にするとき，______に適切な語を書きなさい。(15点×4)

(1) 私は有名なミュージシャンがかつて使ったギターを持っています。
I have a guitar. A famous musician once used it.
I have a guitar __________ a famous musician once used.

(2) 彼は，自分のおじが集めたたくさんのコインを私に見せてくれました。
He showed me a lot of coins. His uncle collected them.
He showed me a lot of coins __________ his uncle __________.

(3) 私は彼が残したメッセージを持っています。
I have a message. He left it.
I have a message __________ he left.

(4) 私が昨日訪れた図書館には，たくさんの本があります。
The library has many books. I visited it yesterday.
The library __________ I visited yesterday has many books.

1
(1) 先行詞に序数がついている場合は，関係代名詞はふつうthatを用いる。
(2) 先行詞が人で目的格なので関係代名詞はthatを用いる。
(4) everything，anythingが先行詞のときは，関係代名詞はふつうthatを用いる。

2
先行詞となる語は上の文で目的語として使われている。

STEP 3

得点アップ問題

別冊解答 P.21

得点

／100点

1 次の日本文に合うように，(　　) 内の語句を並べかえなさい。ただし，文頭にくる単語も小文字にしてあります。(8点×4)

(1) 彼女が洗っていたその車は彼女のお父さんのものです。
(she / the car / was / is / which / washing) her father's.

(2) 私が今持っているお金はこれだけです。
This (all / I / that / have / is / the money) now.

(3) これは私の母が作ってくれたかばんです。
(a bag / this / made / my mother / me / is / that).

(4) あなたが好きなその作家は私のおじです。
(the writer / like / you / my uncle / that / is).

(1)	her father's.
(2)	This　　　now.
(3)	.
(4)	.

2 次の2つの文を，関係代名詞を使って1つの文にするとき，_____に適切な語を書きなさい。
(6点×4)

(1) She is the lady. He wanted to meet her.
She is the lady __________ he wanted to meet.

(2) Who were the girls? You spoke to them.
Who were the girls __________ you spoke to?

(3) He knows my problem. I can't tell it to my parents.
He knows my problem __________ I can't tell to my parents.

(4) She left the message on the table. I didn't notice it.
I didn't notice the message __________ she left on the table.

(1)		(2)	
(3)		(4)	

3 次のシホ（Shiho）とイアン（Ian）の対話文を読んで，あとの問いに答えなさい。

Shiho : ①The *jacket you are wearing is very cool. Where did you get it?

Ian : Thank you. ②(that / my / is / this / father / a jacket / bought). He *doesn't wear it anymore. So he gave it to me.

Shiho : Oh really? It looks new. *By the way, are you free on Sunday?

Ian : Maybe. Why?

Shiho : Do you know *Mr. Maggio? He is an Italian chef who opened a new restaurant near the station. My friend Erika already has been there. She said, "③The *pizza that he made was delicious. I have never had such a good pizza before." So I want to ④try it with you.

Ian : That sounds great!

（注） jacket ジャケット　not ... anymore もう…しない　by the way ところで　Mr. Maggio マッジオさん　pizza ピザ

（1） 下線部①の文に関係代名詞のthatを入れる場合，最も適切な位置はどこですか。次のア〜エから１つ選び，記号で答えなさい。(6点)

The jacket ア you イ are wearing ウ is エ very cool.

（2） 次の日本文に合うように，下線部②の（　　）内の語句を並べかえなさい。
これはぼくの父親が買ったジャケットです。(9点)

（3） 下線部③を日本語にしなさい。(9点)

（4） 下線部④は具体的に何をすることですか。簡潔に日本語で答えなさい。(10点)

(1)	
(2)	.
(3)	
(4)	

難 **4** 「これは私が持っているただ1つのかばんです」と言うとき，英語でどのように言いますか。関係代名詞thatを用いて8語の英文で答えなさい。(10点)

15 関係代名詞③ ─目的格のwhich / that─

16 関係代名詞④ — 関係代名詞の省略 —

テストがある日　月　日

STEP 1 要点チェック

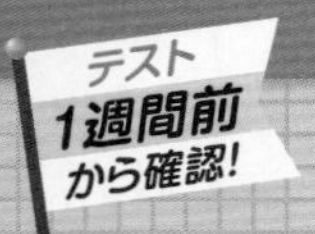

1 関係代名詞の省略

目的格の関係代名詞は省略できる。関係代名詞が省略されても，文の意味は変わらない。

例文 I got the bag which Lisa bought.

↓

I got the bag [　　] Lisa bought.　　（私はリサが買ったバッグをもらいました。）

関係代名詞 which が省略されている。省略されても意味は同じ。

例文 The boy that I saw at the library was Kenta.

↓

The boy [　　] I saw at the library was Kenta.

関係代名詞 that が省略されている。省略されても意味は同じ。

（私が図書館で見た男の子はケンタでした。）

2 前置詞と関係代名詞

目的格の関係代名詞 **which**，**that** は，talk about，speak to など前置詞をともなう動詞にもつく。

その際，次の２通りの語順となる。

「昨日私が話したニュース」

(1) [the news] ([which]) [I talked about yesterday]

〈先行詞＋関係代名詞(省略可能)＋主語＋動詞＋前置詞〉　（昨日私が話したニュース）

(2) [the news about which I talked yesterday]

〈先行詞＋前置詞＋関係代名詞＋主語＋動詞〉　（昨日私が話したニュース）

(2)のとき，関係代名詞は省略できない。また，使う関係代名詞が that のときは(2)の語順にはならない。

例文 **The news** [which I talked about yesterday] made a lot of people angry.

（名詞（先行詞）／主語：The news　関係代名詞が作る節（形容詞節）：which（関係代名詞）＋I（主語）＋talked（動詞）＋about（前置詞）＋yesterday（副詞）　made：動詞）

例文 **The news** [　　I talked about yesterday] made a lot of people angry.

（名詞（先行詞）／主語：The news　関係代名詞が作る節（形容詞節）：関係代名詞の省略＋I（主語）＋talked（動詞）＋about（前置詞）＋yesterday（副詞）　made：動詞）

例文 **The news** [about which I talked yesterday] made a lot of people angry.

（名詞（先行詞）／主語：The news　関係代名詞が作る節（形容詞節）：about which（前置詞＋関係代名詞）＋I（主語）＋talked（動詞）＋yesterday（副詞）　made：動詞）

（[私が昨日話した]そのニュースは多くの人々を怒らせました。）

※関係代名詞 that は，前置詞＋関係代名詞の語順にはできない。

STEP 2 基本問題

別冊解答 P.22

得点 ／100点

1 次のア～キの文で，関係代名詞を省略できるものはどれですか。3つ選び，記号で答えなさい。(10点×3)

ア The sky which I saw yesterday evening was red.
イ The cat which is loved by a lot of people is Miya.
ウ I spoke to a man who was reading a book at the station.
エ The lake which is seen from the mountain top is beautiful.
オ Rock climbing is the thing which I can try.
カ Some students who like to study English don't like math.
キ The coffee which I bought at the store was too hot.

[　　] [　　] [　　]

1 目的格の関係代名詞は省略することができる。

2 次の日本文に合うように，(　　)内の語句を並べかえなさい。ただし，文頭にくる単語も小文字にしてあります。(15点×2)

(1) これは祖母が作ったかばんです。
(a bag / this / made / my grandmother / is).

______________________________.

(2) 兄が撮った写真は美しいものでした。
(were / my brother / beautiful / took / the pictures).

______________________________.

2 「…が～する(名詞)」は関係代名詞を省略して〈名詞＋主語＋動詞 ～〉で表せる。

3 次の日本文に合うように，＿＿に適切な語を書きなさい。(20点×2)

(1) トムが昨日話していた映画を私は見たいです。
I want to see the movie ＿＿＿＿ ＿＿＿＿ Tom talked yesterday.

(2) 私たちが出会った場所は，その本屋さんでした。
The place ＿＿＿＿ ＿＿＿＿ we met was the bookstore.

3 前置詞が関係代名詞の前に置かれた形。先行詞と関係代名詞のあとの語句をヒントにして適切な前置詞を考える。

STEP 3 得点アップ問題

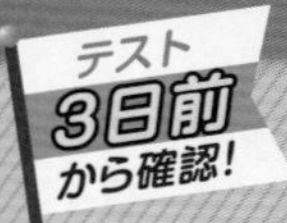

別冊解答 P.22

得点 ／100点

1 次の日本文に合うように，(　　)内の語句を並べかえなさい。ただし，文頭にくる単語も小文字にしてあります。(7点×3)

(1) これは私が買ったテレビゲームです。
(a video game / this / bought / I / is).

(2) 彼女は私があげたCDを持ってきませんでした。
(gave / didn't / bring / I / the CD / she) her.

(3) 私が持っている辞書は重いです。
(have / the dictionary / heavy / I / is).

(1)	.
(2)	her.
(3)	.

2 次の英文を，(　　)内の指示に従って書きかえなさい。(8点×4)

(1) 私はこの学校に入学できる点数をとりました。
I got a score which I can use to *apply to this school.　(注) apply to ～　～に出願する
(文の意味を変えずに12語の英文に)

(2) 彼女が初めて私を連れて行った動物園は去年閉園しました。
The zoo she took me to first was closed last year. (to whichを使って)

(3) 私はある有名な作家が以前住んでいたホテルを訪れました。
I visited a hotel which a famous writer once lived in. (in whichを使って)

(4) 彼が向かった国はカナダでした。
The country for which he left was Canada. (関係代名詞を省略する形に)

(1)	
(2)	
(3)	
(4)	

3 次の英文はユカ(Yuka)のスピーチの一部です。これを読んで，あとの問いに答えなさい。

I am a member of the *chorus. Ms. Okada told us to *take part in the chorus contest. ①It was very hard to choose a song all the members wanted to sing. It took a long time. Finally, we decided to sing "My Memory."

②"My Memory" (which / was / the members / the song / agreed / all / with). We practiced very hard.

On the day of the contest, we felt *nervous because there were a lot of groups which sang very nicely. Even though we didn't feel confident, we all did our best. When we got a big *applause, we were proud of ourselves. Everyone (③) we could see from the *stage *applauded us. We had a great time.

(注) chorus 合唱(部)　take part in ～に参加する　nervous 緊張した　applause 拍手
stage 舞台　applaud 拍手する

(1) 下線部①の文に関係代名詞のwhichを入れて，書き直しなさい。(7点)

(2) 次の日本文に合うように，下線部②の(　　)内の語句を並べかえなさい。
『マイメモリー』は部員全員が賛成した歌でした。(7点)

難 (3) (③)に当てはまる語を書きなさい。(7点)

(4) 本文の内容に合うように，次の質問に英語で答えなさい。(8点×2)

(a) What did Ms. Okada tell the members of the chorus which Yuka belongs to?

(b) Why did Yuka feel nervous on the day of the contest?

(1)		
(2)	"My memory" .	
(3)		
(4)	(a)	
	(b)	

4 相手に「あなたは私の欲しいものを何もかも持っています」と言うとき，英語でどのように言いますか。5語の英文で答えなさい。(10点)

16 関係代名詞④ ―関係代名詞の省略―

定期テスト予想問題

別冊解答 P.23

目標時間	得点
45分	／100点

1 次の各組の文がほぼ同じ内容を表すように，______に適切な語を書きなさい。(7点×2)

(1) Do you read books written in English?
Do you read books __________ __________ written in English?

よくでる (2) The girl listening to the radio is my friend.
The girl __________ __________ listening to the radio is my friend.

(1)			(2)		

2 次の2つの文を関係代名詞を使って1つの文にしなさい。(9点×2)

(1) I can't read the sign. It is written in Chinese.

難 (2) The cap was bought by my mother. It was blown off by a strong wind.

(1)	
(2)	

3 次の英文を日本語にしなさい。(12点×2)

(1) Math is the subject which I like.

よくでる (2) The letter which was written in blue ink is from Mark.

(1)	
(2)	

4 次のア～エから誤りのある文を1つ選び，記号を[　　]に書き，正しい文に直しなさい。(完答8点)

ア America is a country she has never visited.
イ I met an Italian boy spoke Japanese well.
ウ Mr. Ikeda is the man I saw yesterday.
エ The sweater he bought yesterday is black.

[　　]

5 次のスピーチの原稿の一部を読んで，あとの問いに答えなさい。(大阪府)

(前略) How many people are doing volunteer activities? I will show you two *charts. Young people from 18 to 24 years old in Japan answered some questions about volunteer activities. The two charts show the *results.

【Chart 1】

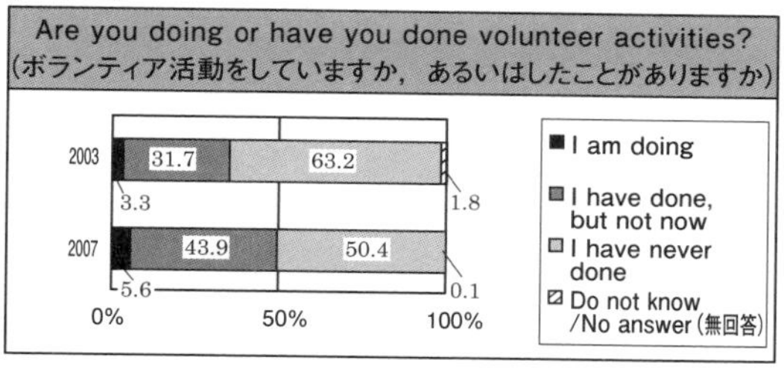

Are you doing or have you done volunteer activities?
(ボランティア活動をしていますか，あるいはしたことがありますか)

2003: 3.3 / 31.7 / 63.2 / 1.8
2007: 5.6 / 43.9 / 50.4 / 0.1
0% 50% 100%

■ I am doing
■ I have done, but not now
□ I have never done
▨ Do not know /No answer (無回答)

【Chart 2】

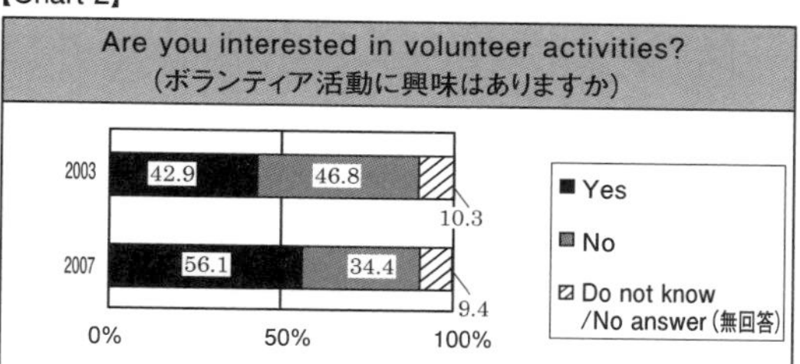

(Chart 1，Chart 2 ともに内閣府「第８回世界青年意識調査」(平成21年) による)

First, look at Chart 1. The *percentages of the young people who were doing volunteer activities in 2003 and in 2007 were not so high, but the percentage in 2007 was higher. And we see that the percentage of the young people who answered, "I have done, but not now", *increased, too.

Look at Chart 2. The young people answered the question: "Are you interested in volunteer activities?" You see, in 2003, the percentage of the young people who answered, "[①]", was higher than the percentage of the young people who answered, "[②]." But the difference between these two percentages was not so large. In 2007, more than *half of the young people answered, "[③]." The percentage of the young people who were interested in volunteer activities increased.

When we look at these two charts, we see that [④] in each of the two years. (後略)

(注) chart 図表　result 結果　percentage 割合　increase 増加する　half 半分

(1) 本文とChart 2の内容から考えて，本文中の [①] ～ [③] に入る適切な英語1語をそれぞれ書きなさい。(8点×3)

難 (2) 本文とChart 1，Chart 2の内容から考えて本文中の [④] に最も適切なものはどれですか。１つ選び，記号で答えなさい。(12点)

ア the percentage of the young people who were doing volunteer activities was higher than the percentage of the young people who were interested in them

イ the percentage of the young people who were interested in volunteer activities was as high as the percentage of the young people who were doing them

ウ the percentage of the young people who were interested in volunteer activities was higher than the percentage of the young people who were doing them

エ the percentage of the young people who were doing volunteer activities was more than half of the percentage of the young people who were interested in them

(1)	①		②		③		(2)	

別冊解答 P.24

テストがある日

月　　日

17 後置修飾のまとめ

1 前置詞句による後置修飾

基本形：〈名詞＋前置詞＋語句〉…〈前置詞＋語句〉が後ろから名詞を修飾する。

例文 I visited **my grandfather** in Hokkaido .

名詞　〈前置詞＋語句〉

（私は北海道にいる祖父のところを訪れました。）

次の日本文に合うように，(　　)内の語を並べかえなさい。

① 犬をつれたあの少年を知っていますか。(a / boy / dog / with / that)

Do you know ＿＿＿＿＿＿＿＿＿＿＿＿＿＿＿＿＿＿＿＿ ?

2 不定詞（形容詞的用法）による後置修飾

基本形：〈名詞＋ to ＋動詞の原形〉…〈to ＋動詞の原形〉が「〜する(ための[すべき])」という意味で，後ろから名詞を修飾する。

例文 I know **some good places** to visit .

名詞　〈to ＋動詞の原形〉

（私は訪れるべきよい場所をいくつか知っています。）

次の日本文に合うように，(　　)内の語を並べかえなさい。

② 私には今日するべきたくさんのことがあります。(do / a / things / lot / to / of)

I have ＿＿＿＿＿＿＿＿＿＿＿＿＿＿＿＿＿＿＿＿ today.

3 分詞による後置修飾

基本形①：〈名詞＋現在分詞＋語句〉…〈現在分詞＋語句〉が「〜している」という意味で，後ろから名詞を修飾する。

基本形②：〈名詞＋過去分詞＋語句〉…〈過去分詞＋語句〉が「〜され(てい)る[された]」という意味で，後ろから名詞を修飾する。

例文 Look at **the girl** singing on the stage .（舞台で歌っている少女を見てください。）

名詞　〈現在分詞＋語句〉

例文 This is **a bag** made in France .　（これはフランスで作られたかばんです。）

名詞　〈過去分詞＋語句〉

次の日本文に合うように，(　　)内の語を並べかえなさい。

③ 彼女はギターを弾いている少年を見つけました。(boy / the / guitar / playing / a)

She found ＿＿＿＿＿＿＿＿＿＿＿＿＿＿＿＿＿＿＿＿ .

④ 彼は英語で書かれた本を持っています。(a / English / written / in / book)

He has ＿＿＿＿＿＿＿＿＿＿＿＿＿＿＿＿＿＿＿＿ .

4 関係代名詞による後置修飾

基本形①:〈名詞＋主格の関係代名詞＋動詞 ～〉…〈主格の関係代名詞＋動詞 ～〉が「～する」という意味で，後ろから名詞(先行詞)を修飾する。〈動詞〉の形は，先行詞によってかえる。

基本形②:〈名詞＋目的格の関係代名詞＋主語＋動詞 ～〉…〈目的格の関係代名詞＋主語＋動詞 ～〉が「～が…する」という意味で，後ろから名詞(先行詞)を修飾する。目的格の関係代名詞は省略することができる。

例文 I have **a friend** who plays tennis well. (私にはテニスが上手な友達がいます。)
名詞（先行詞） 〈主格の関係代名詞＋動詞 ～〉

例文 I love **the curry** which my father cooks. (私は父が作るカレーが大好きです。)
名詞（先行詞） 〈目的格の関係代名詞＋主語＋動詞 ～〉

おぼえる! 関係代名詞の使い分け

格＼先行詞	人	人以外
主格	(⑤) / (⑥)	(⑧) / (⑨)
目的格	(⑦)	

次の日本文に合うように，(　)内の語句を並べかえなさい。ただし，文頭にくる単語も小文字にしてあります。

⑩ 私はその絵を描いた男性に会いました。(the / man / painted / picture / the / who)
I met ＿＿＿＿＿＿＿＿＿＿＿＿＿＿＿＿.

⑪ 彼女が買ったかばんはかわいかったです。(which / the / bought / bag / she)
＿＿＿＿＿＿＿＿＿＿＿＿＿＿＿＿ was cute.

⑫ これらは妹が私にくれたノートです。(my sister / the / me / gave / that / notebooks)
These are ＿＿＿＿＿＿＿＿＿＿＿＿＿＿＿＿.

5 〈主語＋動詞～〉の形(接触節)による後置修飾

基本形:〈名詞＋主語＋動詞 ～〉…〈主語＋動詞 ～〉が「～が…する」という意味で，後ろから名詞(先行詞)を修飾する。

例文 **The book** you gave me was very interesting.
名詞 〈主語＋動詞 ～〉

(あなたがくれた本はとてもおもしろかったです。)

次の日本文に合うように，(　)内の語を並べかえなさい。

⑬ 私たちは母が作るケーキが大好きです。(mother / cakes / our / the / makes)
We love ＿＿＿＿＿＿＿＿＿＿＿＿＿＿＿＿.

18 会話表現

テストがある日
月　日

STEP 1 要点チェック

1 電話で使う表現

・**This is** Yuki. / Yuki **speaking.**（こちらはユキです。）
・**May[Can] I speak to** Tom, **please?**（トムさんをお願いしたいのですが。）
— I'm sorry, he's **out** (right now).（すみませんが，彼は(今)出かけています。）
— **Just a minute,** please. / **Hold on,** please.（少々お待ちください。）
・Please **tell him[her] to call me back.**（折り返し電話をするようにお伝えください。）

2 食事・飲食店で使う表現

・**Would you like** some more?（もう少しいかがですか。）
・**What would you like to** drink?（飲み物は何がよろしいですか。）
— **I'll have** orange juice, please.（オレンジジュースをお願いします。）

3 買い物で使う表現

〈店員 — 客〉
・**May[Can] I help you?**（いらっしゃいませ / お手伝いしましょうか。）
— **No, thank you. I'm just looking.**（いいえ，結構です。見ているだけです。）
— **Yes, please. I'm looking for** a white skirt.
（はい，お願いします。私は白いスカートを探しています。）
・**What size** are you looking for?（サイズはいくつのものをお探しですか。）
— **Size 0, please.**（0サイズです。）
・**How about** this one?（こちらはいかがですか。）
— It's **too** small for me.（それは私には小さすぎます。）

〈What ＋名詞〉の疑問文は，「何の～，どんな～」という意味。What color「何色」，What size「サイズはいくつ」などがある。

・[Shall I] show you a bigger one?（もっと大きいものをお見せいたしましょうか。）

4 道案内(電車の乗り換え案内)で使う表現

・[Could you tell me how to get to] Asahi Station?
（あさひ駅までの行き方を教えていただけますか。）
・**How long** does it take to get there?（そこまでどれくらい(時間が)かかりますか。）
・**How often** do the trains come?（その電車はどれくらいひんぱんに来ますか。）

よくでる 道案内でよく使われる語句

・take a train「電車に乗る」
・take the ～ Line「～線に乗る」
・get off（～）「(～を)降りる」
・change trains「電車を乗りかえる」
・get on（～）「(～に)乗る」
・every ～ minutes「～分ごとに」

STEP 2 基本問題

別冊解答 P.24

得点 ／100点

1 次の（　　）内から最も適切な語を選び，○で囲みなさい。(6点×4)

(1)（ Would, May, Will ）I help you? — Yes, please.

(2)（ May, Could, Shall ）you tell him to call me back?

(3)（ Would, Will, May ）I speak to John, please?

(4)（ Could, Would, May ）you like some coffee?

1
(2)「折り返し電話をするようにお伝えくださいますか」「～してくださいますか」は「～できますか」の丁寧な表現と考える。

2 次のようなとき，英語でどのように言えばよいですか。＿＿＿に適切な語を書きなさい。(10点×2)

(1) 相手に電話をつないだままでいてもらいたいとき。

＿＿＿＿＿ ＿＿＿＿＿ , please.

(2) 相手が箱を運ぶのを手伝おうかと申し出るとき。

＿＿＿＿＿ ＿＿＿＿＿ help you carry the box?

2
(1) 空所が2つであることに注目して答える。

3 次の対話が成り立つように，□に与えられた文字で始まる適切な語を書きなさい。(10点×3)

(1) [W　　] [c　　] are you looking for? — Blue.

(2) Could you tell me [h　　] [t　　] get to Aoba Station?

— [T　　] the Chuo Line and get off at the third station.

(3) [H　　] [o　　] do the trains come?

— Every ten minutes.

3
応答に注目し，適切な質問の内容を考える。
(3) every ～ minutes は「～分ごとに」という意味。

18 会話表現

4 次の日本文に合うように，（　　）内の語を並べかえなさい。ただし，文頭にくる単語も小文字にしてあります。(13点×2)

(1) その駅まではどれくらい(時間が)かかりますか。

（ it / long / get / take / does / to / how ）to the station?

＿＿＿＿＿＿＿＿＿＿＿＿＿＿＿＿＿＿＿＿ to the station?

(2) 何か飲み物はいかがですか。

（ something / like / you / would / drink / to ）?

＿＿＿＿＿＿＿＿＿＿＿＿＿＿＿＿＿＿＿＿＿＿＿＿?

4
(2)「何か飲み物」は something to drinkの語順。

STEP 3
得点アップ問題

別冊解答 P.25

得点
／100点

1 次の英文の答えとして適切なものをア～エから選び，記号で答えなさい。(5点×4)

(1) How long does it take to walk there?

(2) May I speak to Ken, please?

(3) How often do the buses come?

よくでる (4) Could you tell me how to get to Shinjuku?

ア Change trains at the next stop.　イ Every 15 minutes.

ウ Hold on, please.　エ About five minutes.

(1)		(2)		(3)		(4)	

2 次の対話文を読んで，あとの問いに答えなさい。(10点×2)

Mother：①(another / would / like / you) piece of cake?

Kate：Yes, please. Thank you.

Mother：What would you like to drink?

Kate：［　②　］

Mother：OK. Here you are.

(1) 下線部①が「ケーキをもう１切れいかがですか。」という意味になるように，(　　) 内の語を並べかえなさい。ただし，文頭にくる単語も小文字にしてあります。

(2) ②の［　］にあてはまる文をア～ウから選び，記号で答えなさい。

ア A cup of coffee, please.　イ No, thank you.　ウ I'll take it.

(1)	piece of cake?
(2)	

3 次の日本文に合うように，(　　) 内の語を並べかえなさい。ただし，必要な語を1語補うこと。また，文頭にくる単語も小文字にしてあります。(15点×2)

(1) 美術館までどれくらい(時間が)かかりますか。

(it / does / how / take) to get to the museum?

(2) 郵便局にお連れしましょうか。

(you / I / to / take) the post office?

(1)	to get to the museum?
(2)	the post office?

4 次の英文は，中学生のエミ（Emi）がある日の出来事について書いたものです。これを読んで，あとの問いに答えなさい。

Mrs. Green is my English teacher from Canada. She lives in Sakura Town. Today, I went to her house with my friend, Mika, for the first time. First, we had to go to Asahi Station. We wanted to go by bus, so I asked an old woman.

Emi : Excuse me. ①<u>Could you tell me which bus goes to Asahi Station?</u>

Old woman : Sure. You should take the number two.

After we got on the bus, we talked about Mrs. Green's house. We had a map, so we thought we could get there easily. However, we forgot how we should get to Aoba Station, the closest station to Mrs. Green's house, from Asahi Station. At the station, we found a *station employee, so Mika asked him.

Mika : Excuse me. ②<u>Could you tell me (　　) (　　) get to Aoba Station?</u>

Station employee : Sure. Take a train to Momiji Station, the second station from here. At Momiji, change trains to the Hikari Line. Then, get off at the next station. It's Aoba.

We got to Aoba Station in twenty minutes. After that, we got out of the station and walked to Mrs. Green's house. We had to walk for only five minutes. At last, we got to the house.

（注） station employee 駅員

(1) 下線部①を日本語にしなさい。書き出しの日本語に続けて書くこと。(6点)

(2) 下線部②が本文の流れに合う英文になるように，(　　)に適する語を書きなさい。(8点)

(3) エミたちが最後に電車を降りた駅はどこですか。下の路線図中のア～カの中から選び，記号で答えなさい。ただし，★はミカが駅員と話した駅を示しています。(8点)

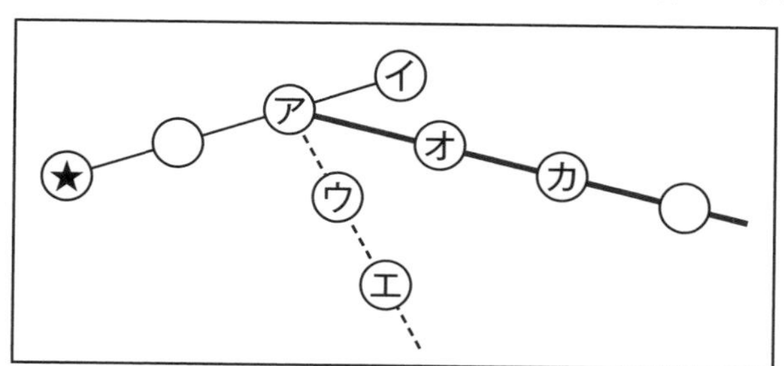

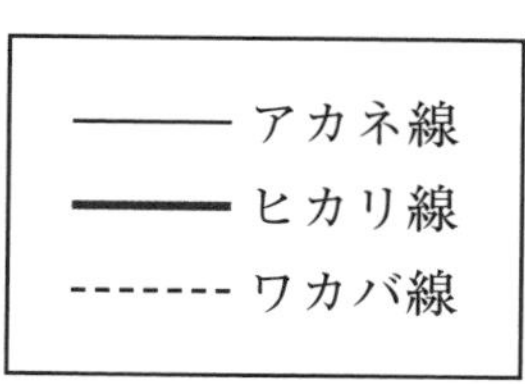

(4) 本文の内容に合うように，次の英文の______に適切な語を書きなさい。ただし，数字も英語のつづりで書くこと。(8点)

It took _________ _________ to get to Mrs. Green's house from Asahi Station.

(1)	どのバスがアサヒ駅に行くか			
(2)			(3)	
(4)				

18 会話表現

別冊解答 P.26

テストがある日
月　日

19 仮定法①
— wishの文 —

STEP 1 要点チェック

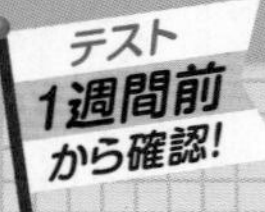

1 仮定法とは

現実とは違うことや，起こる可能性が(ほぼ)ないことについて述べるときに使う表現方法。**動詞や助動詞の過去形**を使う。

2 wish の文①：動詞の過去形を使う場合

① **意味**:「〜が…だったら（いいのに）なあ（と思う）。」…現実とは違うことや，起こる可能性が(ほぼ)ないことについての願望を表す文。wish のあとに願望の内容が続く。

② **基本形**：〈主語①＋ **wish** ＋主語②＋**動詞の過去形** ....〉

例文　I **wish** I **had** a brother.　(私に兄弟がいたらなあ。)
現実：兄弟はいない　→　願望：兄弟が欲しい

例文　I **wish** I **were** young.　(私が若かったらなあ。)
〈動詞の過去形〉に使う be 動詞は were

hope と wish の使い分け

hope：実現できると考えていることについての願望を表す。⇒仮定法の文では使わない。

wish：現実とは違うことや，実現が(ほぼ)不可能であることについての願望を表す。
⇒仮定法の文で使う。

3 wish の文②：助動詞の過去形を使う場合

① **意味**：「〜が…したら〔できたら〕(いいのに)なあ(と思う)。」…助動詞の過去形には **would** や **could** がよく使われる。

② **基本形**：〈主語①＋ **wish** ＋主語②＋**助動詞の過去形**＋**動詞の原形** ....〉
└助動詞のあとの動詞は原形

例文　I **wish** I **could speak** French.　(私がフランス語を話せたらなあ。)
〈助動詞の過去形＋動詞の原形〉

おぼえる! 助動詞の意味と過去形

原形	意味	過去形
will	〜だろう，〜するつもりだ	(①)
can	〜できる	(②)

STEP 2 基本問題

別冊解答 P.26

得点

／100点

1 次の日本文に合うように，(　　) 内から適切な語句を選び，○で囲みなさい。(12点×3)

(1) 犬を飼っていればなあ。
I (hope, want, wish) I had a dog.

(2) もっと背が高ければいいのになあ。
I wish I (am, were, are) taller.

(3) もっと上手に歌うことができたらいいのになあ。
I wish I (can sing, could sing, sing) better.

2 次の日本文に合うように，(　　) 内の語句を並べかえなさい。(12点×3)

(1) 彼の電話番号を知っていたらいいのになあ。
I (I / knew / wish) his phone number.

I ______________________ his phone number.

(2) 私が医者だったらなあ。
I (were / wish / a doctor / I).

I ______________________ .

(3) ピアノを上手に弾けたらいいのになあ。
I (play / wish / could / I) the piano well.

I ______________________ the piano well.

3 次の日本文を，(　　) 内の語を使って英文にしなさい。(14点×2)

(1) この宿題がなければいいのになあ。(I, have)

____

(2) 彼が私に夕食を作ってくれたらいいのになあ。(I, would, for)

____

1
(2) 仮定法の文では，be動詞の過去形にはwereを使う。
(3) wishのあとは〈主語②＋動詞の過去形［助動詞の過去形＋動詞の原形］～〉の語順。

2
「～が…だったら(いいのに)なあ(と思う)。」は〈主語①＋wish＋主語②＋動詞の過去形［助動詞の過去形＋動詞の原形］....〉で表す。

3
(1)「～なければいいのになあ」はwishのあとを否定文の形にして表す。

STEP 3

得点アップ問題

別冊解答 P.26

得点 ／100点

1 次の日本文に合うように，＿＿に適切な語を書きなさい。(5点×3)

(1) トムがエリの電話番号を知っていたらいいのになあ。

I ＿＿＿＿ Tom ＿＿＿＿ Eri's phone number.

よくでる (2) 私が鳥だったらいいのになあ。

I ＿＿＿＿ I ＿＿＿＿ a bird.

(3) 彼が部屋を掃除してくれたらいいのになあ。

I ＿＿＿＿ he ＿＿＿＿ clean his room.

(1)		
(2)		
(3)		

2 次の英文をIで始まる「…したら(だったら)いいのになあ」という仮定法の文に書きかえるとき，＿＿に適切な語を書きなさい。(5点×4)

(1) Mika lives near my house.

I ＿＿＿＿ Mika ＿＿＿＿ near my house.

(2) I can join the festival.

I ＿＿＿＿ I ＿＿＿＿ ＿＿＿＿ the festival.

(3) Sota is my brother.

I ＿＿＿＿ Sota ＿＿＿＿ my brother.

(4) You will come here today.

I ＿＿＿＿ you ＿＿＿＿ ＿＿＿＿ here today.

(1)			
(2)			
(3)			
(4)			

3 次のケン（Ken）とメアリー（Mary）の対話文を読み，あとの問いに答えなさい。

Ken : What are you looking at?

Mary : I'm looking at a poster about an event at the city hall. At the event, we can enjoy ①(make) many kinds of Japanese dishes, like *tempura*, *sushi*, or *okonomiyaki*. I'm interested in them, so I want to make them at the event.

Ken : That sounds nice. When is the event?

Mary : Let's see .... The poster says it will be ②(hold) on August 13, the second Saturday of the month. Why don't we join it together?

Ken : I wish I ③(have) time to join it.

Mary : Oh, are you busy on that day?

Ken : Yes. My friend ④(live) in London is going to come to Japan to visit me. He wants me to take him to some popular places in our city, so I'll ⑤do that on that day.

Mary : I see. I hope you and your friend will have a good time together.

(1) ①～④の（　）内の語を適切な形に直しなさい。(5点×4)

(2) 下線部⑤は何をすることを表していますか。日本語で答えなさい。(8点)

(3) 本文の内容に合うように，次の質問に英語で答えなさい。(9点)

What does Mary want to do at the event?

(1)	①		②		③		④	
(2)								
(3)								

4 次の日本文を（　）内の語数の仮定法の英文にしなさい。(9点×2)

(1) 彼がこのパーティーに来てくれたらいいのになあ。(8語)

よくでる (2) 今日が晴れていたらいいのになあ。(6語)

(1)	
(2)	

難 **5** あなた自身の「…したらいいのになあ」という願望を表す英文を1文で書きなさい。

(10点)

20 仮定法②
— If＋主語＋were ～の文 —

テストがある日
月　日

STEP 1 要点チェック

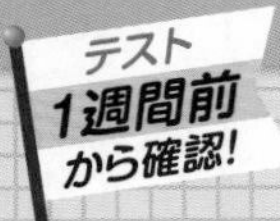

1 If ＋主語＋ were ～の文

① **意味**：「もし～だったら…。」…現実とは違うことや，起こる可能性が(ほぼ)ないことについて仮定する表現。be 動詞の過去形はふつう **were** を使う。

② **基本形**：〈If ＋主語①＋ were ～ , 主語②＋助動詞の過去形＋動詞の原形 ....〉
（, ＝コンマ　助動詞の過去形＝would や could）

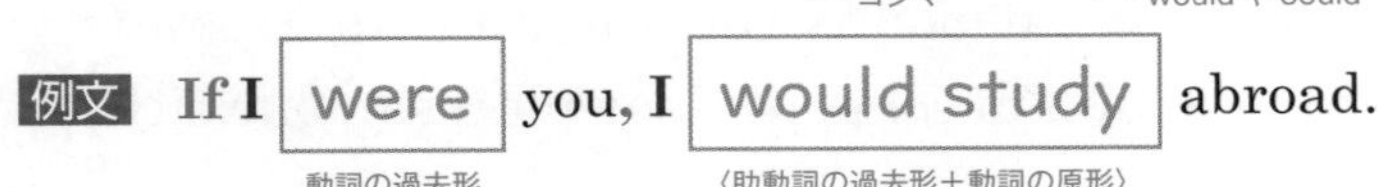

例文 If I were you, I would study abroad.
（were＝動詞の過去形　would study＝〈助動詞の過去形＋動詞の原形〉）

（私があなただったら，留学するでしょう。）

ミス注意! If ～の意味

① 仮定法の文で使った場合⇒現実とは違うことや，起こる可能性が(ほぼ)ないことについての仮定を表す。

例文 If it **were** sunny, you **could enjoy** a picnic.
（晴れなら，あなたはピクニックを楽しめるのですが。）
⇒今雨が降っていて，降水確率が 100%のときなど，晴れることはまずないと考えている場合。

② 仮定法ではない文で使った場合⇒起こる可能性があることについての条件を表す。

例文 If it **is** sunny, you **can enjoy** a picnic.
（晴れたら，あなたはピクニックを楽しめますよ。）
⇒晴れる可能性が十分にあると考えている場合。

2 If ～の部分に not を含む場合

① **意味**：「もし～でなかったら…。」…**were** のあとに **not** を置くことで，否定の内容を仮定することができる。

② **基本形**：〈If ＋主語①＋ weren't[were not] ～ , 主語②＋助動詞の過去形＋動詞の原形 ....〉
（weren't[were not]＝were のあとに not を置く）

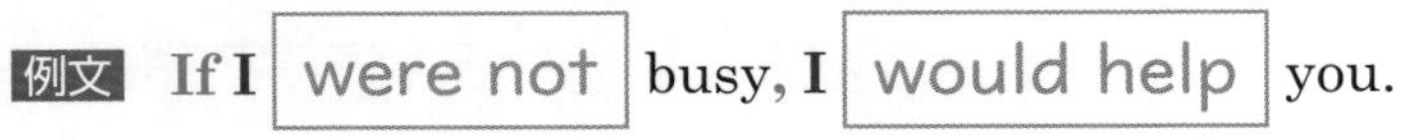

例文 If I were not busy, I would help you.

（忙しくなければ，あなたを手伝うのですが。）

ポイント 〈主語②〉以降の部分を否定文の形にすることもできる

例文 If I were you, I wouldn't [would not] buy it.
（私があなただったら，それを買わないでしょう。）

STEP 2 基本問題

別冊解答 P.26

得点

／100点

1 次の日本文に合うように，(　　)内から適切な語句を選び，◯で囲みなさい。(14点×2)

(1) もし私がひまだったら，あなたと買い物に行けるのですが。
If I (am, were, be) free, I could go shopping with you.

(2) もし彼女がここにいたら，喜ぶだろうに。
If she were here, she (will be, would be, is) happy.

2 次の日本文に合うように，(　　)内の語句を並べかえなさい。ただし，文頭にくる単語も小文字にしてあります。(14点×3)

(1) もし私がお金持ちだったら，もっと大きな家を買えるのに。
(rich / I / if / were), I could buy a larger house.

________________________, I could buy a larger house.

(2) 彼女が元気だったら，私たちは彼女と一緒にテニスができるのに。
If she were fine, (with / we / tennis / her / play / could).

If she were fine, ________________________.

(3) もしゲームがなければ，私たちの生活は退屈でしょう。
(not / there / if / any games / were), our life would be boring.

________________________, our life would be boring.

3 次の日本文を，(　　)内の語を用いて英文にしなさい。(15点×2)

(1) もし私があなただったら，バスを利用するでしょう。(take)

____

(2) もしあなたが友達でなければ，私は幸せではないでしょう。
(happy)

____

____

1
(1) 仮定法の文では，be動詞の過去形にはwereを使う。

2
(3)「もし～がなければ…」はifのあとの文を否定文にして表す。

3
(1) takeには「～(乗り物)に乗る，乗って行く」という意味がある。

STEP 3 得点アップ問題

別冊解答 P.27

得点 ／100点

1 次の日本文に合うように，＿＿に適切な語を書きなさい。(6点×2)

よくでる (1) 私が鳥だったら，あなたのところに飛んで行けるのに。

If I ＿＿＿＿ a bird, I ＿＿＿＿ ＿＿＿＿ to you.

(2) 病気じゃなかったら，彼女はその行事に参加するだろうに。

If she ＿＿＿＿ ＿＿＿＿ sick, she ＿＿＿＿ ＿＿＿＿ the event.

(1)				
(2)				

2 次の英文とほぼ同じ内容を仮定法の文で表すとき，＿＿に適切な語を書きなさい。(6点×2)

(1) I can't help you because I'm busy.

→ If I ＿＿＿＿ free, I ＿＿＿＿ ＿＿＿＿ you.

(2) There are many kinds of books, so this library is popular.

→ If there ＿＿＿＿ many kinds of books, this library ＿＿＿＿ ＿＿＿＿ popular.

(1)			
(2)			

3 次のケヴィン (Kevin) とリナ (Rina) の対話文を読み，あとの問いに答えなさい。

Kevin : Hi, Rina. You look sad. What's wrong?

Rina : Oh, hi, Kevin. I was going to go to the park to see flowers, but it has been raining a lot since this morning, right? So I have to change the plan. I wish it were sunny.

Kevin : That's too bad.

Rina : What are you going to do this afternoon?

Kevin : Well, our classmate Satoshi ①(give) me a DVD of ②<u>his favorite movie</u> yesterday, so I'm going to watch it at home.

Rina　: What is the movie about?
Kevin : About a boy who travels to the past to look for his brother. The boy's brother is taken to the past by a strange machine he found in the *shed in his garden. Satoshi said it was very exciting, so I'm looking forward to ③(watch) it.
Rina　: That sounds good.
Kevin : Let's go to my house together now.
Rina　: ④I'm really sorry. I have a piano lesson from one o'clock for one hour. After that I have to do my homework. Why don't we meet at three o'clock at your house?
Kevin : OK.

（注） shed　小屋

(1) ①，③の（　　）内の語を適切な形に直しなさい。(4点×2)

(2) 下線部②の内容を次のように表すとき，（　　）に適切な日本語を書きなさい。(8点×2)
庭の小屋で見つけた (a)(　　　　　) によって (b)(　　　　　) を探す旅に出る少年の物語

難 (3) 下線部④の発言をしたときのリナの気持ちを次のように表すとき，______に適する語を書きなさい。ただし，(a) は2語，(b) は5語で書くこと。(8点×2)
"If I (a) __________ busy, I could (b) ____________________ you now."

難 (4) 本文の内容に合う英文になるように，______に適する語を書きなさい。ただし，数字も英語のつづりで書くこと。(8点×2)
(a) If it were sunny, Rina would ________ ________ in the park.
(b) The lesson Rina has to take will be finished at ________ ________ .

(1)	①		③	
(2)	(a)		(b)	
(3)	(a)		(b)	
(4)	(a)		(b)	

4 次の日本文を（　　）内の語数の仮定法の英文にしなさい。(10点×2)

よくでる (1) もし私があなただったら，私は彼女にかばんをあげるでしょう。(10語)
(2) 今日が日曜日だったら，私は家にいられるのに。(10語)

(1)	
(2)	

21 仮定法③
― If＋主語＋動詞の過去形 ～の文 ―

テストがある日
月　日

STEP 1 要点チェック

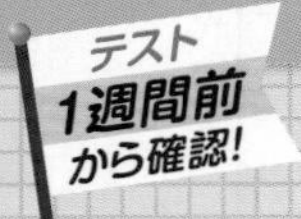

1 If ＋主語＋動詞の過去形 ～の文

① **意味**：「もし～すれば…。」…現実とは違うことや，起こる可能性が(ほぼ)ないことについて仮定する表現。

② **基本形**：〈If ＋主語①＋動詞の過去形 ～ , 主語②＋助動詞の過去形＋動詞の原形 ....〉
　　└コンマ　└would や could

例文 If I had a smartphone now, I could send a message to Mike.
（動詞の過去形）（助動詞の過去形＋動詞の原形）
（今私がスマートフォンを持っていれば，マイクにメッセージを送れるのに。）

ポイント If ～が〈助動詞の過去形＋動詞の原形〉を含む場合もある。

例文 If I could speak English, I could talk with Alex.
（私が英語を話すことができれば，アレックスと話すことができるのに。）

ポイント If ＋主語＋ were ～の文と同様，If ～の部分やそのあとの部分を否定文の形にすることができる。

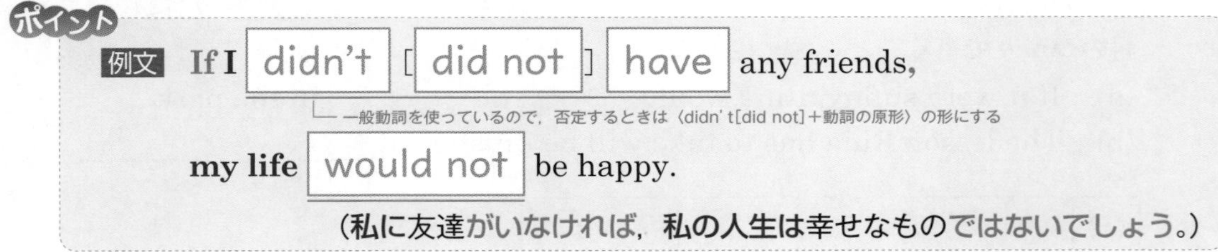

例文 If I didn't [did not] have any friends,
└一般動詞を使っているので，否定するときは〈didn' t[did not]＋動詞の原形〉の形にする
my life would not be happy.
（私に友達がいなければ，私の人生は幸せなものではないでしょう。）

2 If ～のあとが疑問文の形になる場合

仮定法の If ～に続く〈主語②＋助動詞の過去形＋動詞の原形 ...〉の部分を疑問文の形にすることもできる。助動詞を使った疑問文になるので，〈助動詞の過去形＋主語②＋動詞の原形 ...?〉の語順になる。

例文 If scientists created a robot which could do everything, would we feel happy?
（科学者が何でもできるロボットを作ったとすれば，私たちは幸せを感じるでしょうか。）

ポイント 仮定法の文の後半で疑問詞を使う場合，〈疑問詞＋助動詞の過去形＋主語②＋動詞の原形 ...?〉の語順になる。

例文 If you had ten million yen, what would you do ?
（1,000 万円を手に入れたとすれば，あなたはどうしますか。）

STEP 2 基本問題

別冊解答 P.27

得点

／100点

1 次の日本文に合うように，(　　)内から適切な語句を選び，○で囲みなさい。(12点×2)

(1) 私に兄弟がいたら，毎日一緒にバスケットボールをするだろう。
If I (have, had, have had) a brother, I would play basketball with him every day.

(2) もしあなたが映画がお好きでしたら，一緒に見に行くのですが。
If you liked movies, I (will go, would go, went) to see one with you.

2 次の日本文に合うように，(　　)内の語句を並べかえなさい。ただし，文頭にくる単語も小文字にしてあります。(14点×3)

(1) もっと一生懸命に練習すれば，彼はすばらしい選手になれるのに。
(he / harder / if / practiced), he could be a great player.

____________________, he could be a great player.

(2) 彼女が手伝ってくれれば，この仕事をすぐに終えられるのに。
If she helped me, (this work / I / finish / could) soon.

If she helped me, ____________________ soon.

(3) もし江戸時代に行くとすれば，あなたは何をしますか。
If you traveled to the Edo period, (do / you / what / would) ?

If you traveled to the Edo period, ____________________ ?

3 次の日本文に合うように，下線部に適切な語句を書きなさい。ただし，(　　)内の語数の英語で書くこと。(17点×2)

(1) 時間があれば，あなたを手伝えるのですが。(4語)

____________________, I could help you.

(2) もし車がなければ，あなたはどうしますか。(4語)

If you didn't have a car, ____________________ ?

1
if を使った仮定法の文は〈If ＋主語①＋動詞の過去形 ～，主語②＋助動詞の過去形＋動詞の原形 ....〉の語順で表す。

2
(3) 仮定法の文の後半で疑問詞を使う場合，〈疑問詞＋助動詞の過去形＋主語＋動詞の原形～？〉の語順で表す。

3
(2) 疑問詞を含む疑問文の形が入る。

STEP 3 得点アップ問題

別冊解答 P.28

得点 ／100点

1 次の日本文に合うように，______に適切な語を書きなさい。(6点×2)

よくでる (1) 地図を持っていれば，その店をすぐに見つけられるのに。

If I _________ a map, I _________ _________ the store soon.

(2) もしタイムマシンを手に入れたとしたら，何をしますか。

If you _________ a time machine, _________ _________ you do?

(1)			
(2)			

2 次の英文とほぼ同じ内容を仮定法の文で表すとき，______に適切な語を書きなさい。(6点×2)

よくでる (1) I don't know her name, so I can't tell it to you.

→ If I _________ her name, I _________ _________ it to you.

(2) I won't go to China because I can't speak Chinese.

→ If I _________ _________ Chinese, I _________ _________ to China.

(1)				
(2)				

3 次の日本文に合うように，(　　) 内の語句や符号を並べかえなさい。ただし，文頭にくる単語も小文字にしてあります。(8点×2)

よくでる (1) もし私がロンドンに住んでいたら，ジムと毎日会うでしょうね。

(Jim / London / I / I / in / meet / if / would / lived / ,) every day.

(2) もしそのようなことが起これば，私たちに何かできるでしょうか。

(anything / if / we / such a thing / could / do / happened / ,) ?

(1)	every day.
(2)	?

4 次の英文を読み，あとの問いに答えなさい。

Sakura is a high school student in Japan. She lives with her parents and Koro. Koro is her dog, and he has been her family member for ten months. Taking care of Koro is sometimes hard for Sakura, but she enjoys the time with him.

One day, Sakura came back home from school and ①(find) that Koro was staying in his bed. He looked very sick. At that time, her parents weren't at home because of their work. Sakura wanted to help him, but she didn't know what to do. She decided to take him to a *vet. On her way to the vet, she thought, "If I were a vet, I could save him soon." ②<u>That</u> made her sad and *frustrated.

About thirty minutes later, she got to the vet and asked him to see Koro. The vet checked Koro's body and said, "Don't worry. He has ③(catch) a *cold, but it's not so serious. Give medicine to Koro after each *meal. Then he will get well soon." Sakura felt happy to hear that.

This experience gave Sakura a dream of ④(become) a vet in the future. Now she studies hard for that dream every day.

(注) vet 獣医　frustrated 悔しい　cold 風邪　meal 食事

(1) ①，③，④の(　　)内の語を適切な形に直しなさい。(5点×3)

(2) 下線部②の内容を日本語で具体的に答えなさい。(9点)

(3) 本文の内容に合うように，次の質問に主語と動詞のある英文で答えなさい。(9点×2)

(a) When did Koro come to Sakura and her family?

(b) What did the vet tell Sakura to do?

(1)	①		③		④	
(2)						
(3)	(a)					
	(b)					

5 次の日本文を(　　)内の語数の仮定法の英文にしなさい。(9点×2)

(1) もしダンスが上手にできれば，そのお祭りに参加できるのに。(10語)

難 (2) もし音楽なしで生活しなければならないのであれば，私の生活は退屈なものになるでしょう。(12語)

(1)	
(2)	

定期テスト予想問題

別冊解答 P.28

目標時間	得点
45分	／100点

1 次の日本文に合うように，＿＿＿に適切な語を書きなさい。(6点×2)

よくでる (1) 彼の電話番号を知っていれば，すぐ彼に電話するのですが。
If I ＿＿＿＿＿ his phone number, I ＿＿＿＿＿ ＿＿＿＿＿ him soon.

(2) 雨の日なんてなければいいのに。
I ＿＿＿＿＿ there ＿＿＿＿＿ no rainy days.

(1)			
(2)			

2 次の英文とほぼ同じ内容を仮定法の文で表すとき，＿＿＿に適切な語を書きなさい。(6点×2)

(1) I'm *sorry that I can't go to the party.　（注） sorry 残念である
→ I ＿＿＿＿＿ I ＿＿＿＿＿ ＿＿＿＿＿ to the party.

(2) This watch is expensive, so I won't buy it.
→ If this watch ＿＿＿＿＿ expensive, I ＿＿＿＿＿ ＿＿＿＿＿ it.

(1)			
(2)			

3 次の日本文に合うように，(　　) 内の語句や符号を並べかえなさい。ただし，文頭にくる単語も小文字にしてあります。(10点×2)

よくでる (1) 彼がどこにいるのかを知ることができたらいいのになあ。
(is / I / learn / he / could / wish / where / I).

(2) もし恐竜 (dinosaurs) が生きていたら，環境はどのようになっているでしょうか。
(dinosaurs / how / the environment / if / become / lived / would / ,) ?

(1)	.
(2)	?

4 次のリク (Riku) とエマ (Emma) の対話文を読み，あとの問いに答えなさい。

Riku : Today's robot event was very interesting.
Emma : I think so, too. I enjoyed watching many kinds of robots.
Riku : Me, too. Which robot was the most interesting to you?
Emma : The one which can work as a teacher. I thought it was too difficult for robots to teach, so I was very surprised to see it. How about you?
Riku : The robot which can write a novel. When I read it, I thought it was a novel ①(write) by a professional writer.
Emma : I see. The science and technology have continued to *develop very fast, so many other kinds of robots which can help us will be created in the near future.
Riku : I think so, too. Emma, ②<u>if we had robots which could do everything, would we become happy?</u>
Emma : Well, I don't think we would become happy. If we lived with such robots, we wouldn't have to do anything in our lives. That may sound very good, but that means we lose a lot of things such as the *ability to think.
Riku : ③<u>That</u>'s terrible. But your opinion is interesting to me.
Emma : Thank you. By the way, my older sister, Cindy, ④(send) me an e-mail last night. In the e-mail, she said that she wanted to visit some places in Japan next year. I thought about where to take her, but I couldn't get any good ideas. Riku, ⑤<u>what should I do?</u>

(注) develop 発達する，発展する　ability 能力

(1) ①，④の(　　)内の語を適切な形になおしなさい。(5点×2)

(2) 下線部②を日本語にしなさい。(10点)

(3) 下線部③の内容を次のように表すとき，(　　)に適する日本語を書きなさい。(8点×2)
　ロボットのおかげで，生活の中で(a)(　　　　　　　　)ということが，考える能力など，(b)(　　　　　　　　)ことを意味するということ。

難 (4) リクになったつもりで，下線部⑤の質問に英語で答えなさい。ただし，「私があなただったら…」という内容で始め，理由も含めて２文以内で書くこと。(意見10点，理由10点)

(1)	①		④	
(2)				
(3)	(a)			
	(b)			
(4)				

19～21 定期テスト予想問題

入試対策問題（1）

別冊解答 P.30

目標時間	得点
45 分	／100点

1 次の英文は，高校生の由紀子（Yukiko）が英語の授業でスピーチをするために書いたものである。よく読んで（1）～（5）の問いに答えなさい。（熊本県）

I am a member of the English club. There are seven students in our club. I joined this club because I wanted to be a good *speaker of English. So I practice speaking English very hard. During our club activities, we try to speak only English. We have club activities on Monday, Wednesday and Friday. Our English teacher, Mr. Brown, joined us and we had a great time. But this summer he went back to America and a new English teacher came to our school. His name is Mr. Smith and he is from *the U. K.

When Mr. Smith joined our club for the first time, he said, "Nice to meet you. I hope we can enjoy learning English together." Then he talked about his *hobbies, his family and life in his country. We told him about our English club, our school life and Kumamoto. We enjoyed talking with him in English. During our *conversation, I found that some of his words *were different from the words Mr. Brown used. So I said to him, "Some words you use are different from Mr. Brown's words." Then he said, "My English is called *British English and Mr. Brown's English is American English. My English and his English are *basically the same, but there are some differences in the words." Then he showed some examples.

Please look at this *table. This is the table I made for this speech. This is a table of different words with the [　　　] *meaning. I think that we are using a lot of words from American English. For example, we use the words, **apâto*, **gasorin* and **kyandî*, and these Japanese words come from American English.

At the *end of the club activity on that day, Mr. Smith said, "English is *spreading around the world and it is *growing and *changing. There are many *varieties of English used in many different countries. Now you are practicing English very hard but you should not forget that English is a language. Learning a language is not only speaking. It also means learning about many different cultures and different *ways of thinking."

I was glad to hear his story. He gave me <u>another *reason</u> to study English.

（注）speaker　話す人　the U.K.　イギリス　hobby　趣味　conversation　会話
be different from ～　～と違う　British　イギリスの　basically　基本的に　table　表　meaning　意味
apâto　アパート　*gasorin*　ガソリン　*kyandî*　キャンディー　end　終わり　spread　広がる
grow　発達する　change　変化する　variety　種類　way　方法　reason　理由

Table

意味	British English	American English
アパート	flat	apartment
サッカー	football	soccer
(建物の) 2 階	first floor	second floor
(建物の) 1 階	ground floor	first floor
エレベーター	lift	elevator
ガソリン	petrol	gasoline
列	queue	line
キャンディー	sweets	candy
地下鉄	underground	subway

(1) 本文の内容について，次の①，②の問いに英語で答えなさい。(20点×2)

中1 ① How many students are there in the English club?

中1 ② What did Yukiko find about Mr. Smith's English during their conversation?

中3 (2) [　　] に当てはまる英語を，本文中から 1 語で抜き出しなさい。(10点)

中3 (3) 由紀子が Table を使って言おうとしたことは何か。具体的な例をあげて，日本語で説明しなさい。(15点)

中3 (4) 下線部の内容を日本語で書きなさい。(15点)

中3 (5) 本文及び Table の内容に合っているものを，次のア～カから 2 つ選び，記号で答えなさい。(10点×2)

ア The members of the English club have club activities at school every day.
イ Mr. Brown and Mr. Smith came from America to Yukiko's high school.
ウ Mr. Smith talked about his life in the U.K. to the students of the English club.
エ Mr. Smith uses American English during the English club activities.
オ Mr. Smith made the table for Yukiko's speech in the English club.
カ The "first floor" in British English means the "second floor" in American English.

(1)	①	
	②	
(2)		
(3)		
(4)		
(5)		

入試対策問題 (2)

別冊解答 P.31

目標時間	得点
45 分	／100点

1 次の英文を最も適切な表現にするには，(　　)内のどれを用いたらよいですか。ア～エから1つずつ選び，記号で答えなさい。(5点×3 (4)は各5点)

中2 (1) A hamburger in this picture looks real. It (ア makes　イ calls　ウ takes　エ gives) me hungry. (秋田県)

中3 (2) I know a little boy (ア he　イ which　ウ whose　エ who) knows how to use the computer. (沖縄県)

中2 (3) I think this racket is (ア well　イ good　ウ better　エ the best) of all. (栃木県)

中3 (4) A: Do you have any English books?
B: Well, I have a lot of Japanese books, but I have (ア no　イ never　ウ any　エ much) English books.
A: Then I'll give you this book. I want (ア to you　イ you to　ウ your　エ to your) read it. It is very interesting. (神奈川県立横浜国際高等学校)

(1)		(2)		(3)		(4)		

2 次の(　　)内の語句を意味が通るように正しく並べかえ，それぞれの対話文を完成させなさい。(7点×4)

中2 (1) A: Your Japanese is very good.
B: Thank you, but it is (write it / for me / to / difficult).
A: Well, then, I'll teach you.
B: Really? Thank you very much. (石川県)

中3 (2) A: Is he your brother?
B: No, that little (cap / is / wearing / boy / a) my brother. (宮崎県)

中3 (3) A: I can't believe that (used / so / are / languages / there / many) in the world.
B: Well, the world is very big. (山形県)

中3 (4) A: How was your trip to Osaka?
B: It was a lot of fun. These (took / the / I / are / pictures). (石川県)

(1)	Thank you, but it is　　　　　.
(2)	No, that little　　　　　my brother.
(3)	I can't believe that　　　　　in the world.
(4)	These　　　　　.

中3 **3** 次の対話文を読んで，最も適するものをそれぞれア～エから1つずつ選び，記号で答えなさい。(9点×3)

(1) A: Have you finished the homework yet?
B: [　　　　]
A: I mean the math homework that Mr. Sasaki gave us last week.
B: Oh. I did it yesterday. (北海道)
ア Is it difficult?　　イ Which homework are you talking about?
ウ Who finished it?　　エ Do you know what to do next?

(2) *Clerk: May I help you?
Boy : I want a cap for running.
Clerk: How about this?
Boy : [　　　　]
Clerk: How about this blue one?
Boy : It looks cool. I'll get it. (富山県)
ア May I try it on?　　イ Shall I show you another one?
ウ I don't like the color.　　エ I'm just looking.　　(注) clerk 店員

(3) Bill: Excuse me. Do you know [　　　　]?
Jiro: Yes. Go straight and turn left at the third *corner. You'll find it on your right.
Bill: Thank you very much. (富山県)　　(注) corner 角
ア who the boy is　　イ when to walk on the street
ウ how to take pictures　　エ where the nearest post office is

(1)		(2)		(3)	

4 次の英文は，日本でホームステイしているアメリカ人のマイク (Mike) とホームステイ先の勇太 (Yuta) との会話である。この英文を読んで，(1)，(2) の問いに答えなさい。(静岡県)

(前略) Yuta : How were today's classes?
Mike : Someone talked about a *kotatsu* in class. I'm interested (a) it.
Yuta : *Kotatsu*? You can see one at my house today.
Mike : Really? That's great. I'm excited.
(Mike and Yuta are back home.)
Yuta : Here is our *kotatsu*, Mike.
Mike : Wow! [　　　　] Show me how to use it.
Yuta : It's easy. Switch on, and get in. Come here, Mike.
Mike : Oh, it's warm, and it's nice to sit on the floor!

中2 (1) 本文中の(a)の中を補う英語として，ア～エの中から最も適切なものを1つ選び，記号で答えなさい。(5点)
ア at　　イ in　　ウ on　　エ to

中3 (2) 本文中の[　　　　]でマイクは，こたつを見たのは初めてであると伝えている。その内容になるように，[　　　　]の中に適切な英語を書きなさい。(15点)

(1)	
(2)	

入試対策問題(2)

不規則動詞の変化表

原形	主な意味	現在形	過去形	過去分詞
be	～である	am / is / are	was / were	been
break	壊す	break(s)	broke	broken
bring	～を持ってくる	bring(s)	brought	brought
build	～を建てる	build(s)	built	built
buy	～を買う	buy(s)	bought	bought
come	来る	come(s)	came	come
do	～する	do(es)	did	done
eat	～を食べる	eat(s)	ate	eaten
find	～を見つける	find(s)	found	found
get	～を手に入れる	get(s)	got	got / gotten
give	～を与える	give(s)	gave	given
go	行く	go(es)	went	gone
have	～を持っている，食べる	have(has)	had	had
hear	～を聞く	hear(s)	heard	heard
know	～を知っている	know(s)	knew	known
leave	～を去る，出発する	leave(s)	left	left
make	～を作る	make(s)	made	made
meet	～に会う	meet(s)	met	met
read	～を読む	read(s)	read [red]	read [red]
run	走る	run(s)	ran	run
say	～を言う	say(s)	said	said
see	～を見る，～に会う	see(s)	saw	seen
sell	～を売る	sell(s)	sold	sold
send	～を送る	send(s)	sent	sent
sing	歌う	sing(s)	sang	sung
speak	～を話す	speak(s)	spoke	spoken
take	～をとる	take(s)	took	taken
teach	～を教える	teach(es)	taught	taught
think	考える	think(s)	thought	thought
write	～を書く	write(s)	wrote	written

中3英語 # 中学定期テスト得点アップ問題集 別冊解答

1 受け身

STEP 2 基本問題 本冊 P.7

1 (1) played (2) written (3) made

2 (1) Is, visited by (2) isn't spoken
(3) will be used (4) was born

3 (1) This manga is read by many people(.)
(2) Were you surprised at the news(?)

解説

1 「～され(てい)る，～された」は受け身**〈be 動詞＋過去分詞〉**で表す。be 動詞は主語の人称・数や文が表す時によって形を変える。

ミス注意!
不規則動詞に注意！
write は write（原形）－ wrote（過去形）－ written（過去分詞），make は make（原形）－ made（過去形）－ made（過去分詞）と活用する。

2 (1) 受け身の疑問文は be 動詞を文頭に置き，〈be 動詞＋主語＋過去分詞 ～?〉とする。
(2) 受け身の否定文は be 動詞のあとに not を置いて作る。空所の数から，短縮形を使う。
(3)「～でしょう」は助動詞 will を使って表す。助動詞を使った受け身は**〈will be ＋過去分詞〉**。
(4)「生まれる」＝ be born

3 (1)「～に読まれています」なので受け身で表す。

ミス注意!
read は過去形・過去分詞も read ！
read は read[ri:d]（原形）－ read[red]（過去形）－ read[red]（過去分詞）と活用する。

(2)「～に驚く」＝ be surprised at ～

STEP 3 得点アップ問題 本冊 P.8

1 (1) was cooked[made] by (2) is not taught
(3) Was, built by (4) was impressed

2 (1) are cleaned by (2) will be found
(3) When was, invented

3 (1) She is known to everyone in this town(.)
(2) The floor was covered with water(.)

4 (1) ① studied ④ speaking
(2) (a)例：英語がなくても生活できる
(b)例：英語を学ぶ必要はない
(3) 例：英語は他の人を助けるために使えるということ。
(4) (a)○ (b)×

解説

1 (1)「(人)によって～される」は**〈be 動詞＋過去分詞＋ by ＋人〉**で表す。
(2)「～されていません」は受け身の否定文で表す。
(3)「あなたのおじいさんによって建てられたのですか」なので，受け身の疑問文にする。

ミス注意!
不規則動詞に注意！
teach は teach（原形）－ taught（過去形）－ taught（過去分詞），build は build（原形）－ built（過去形）－ built（過去分詞）と活用する。

(4)「～に感銘を受ける」＝ be impressed with ～

2 (1)「その生徒たちは毎日教室を掃除します」⇒「教室は毎日その生徒たちによって掃除されます」
(2)「私たちはそのネコをすぐに見つけるでしょう」⇒「そのネコはすぐに見つけられるでしょう」。「～によって」〈by ＋人〉は省略することができる。

ミス注意!
不規則動詞に注意！
find は find（原形）－ found（過去形）－ found（過去分詞）と活用する。

(3)「この機械は約 400 年前に発明されました」⇒「この機械はいつ発明されたのですか」。時をたずねるので「いつ」を意味する疑問詞 when で文を始め，受け身の疑問文の語順を続ける。

3 (1)「～に知られている」＝ be known to ～
(2)「水びたしになっていました」＝「水でおおわれていました」。「～でおおわれている」＝ be covered with ～

4 (1) ①直前に be 動詞があることと，主語の it が English を指すことから，受け身の文にすると考えられる。 ④**前置詞の直後なので，動名詞にする。**
(2) 直前の文を参照。without ～「～なしで」
(3) 最終段落 1 文目を参照。
(4) (a)「アスカはスーパーマーケットに向かっているときに男性に話しかけられました」→第 2 段落 1 ～ 2 文目を参照。
(b)「アスカは英語を話せませんでしたが，問題をかかえている男性を助けることができました」→第 2 段落を参照。

全訳

4 あなたは毎日英語を勉強していますか。現在，英語は世界でもっとも重要な言語の 1 つです。日本でも，たくさんの場所で勉強されています。仕事のために勉強している人もいれば，夢のために勉強している人もいます。しかし，英語がなくても生活できるので習う必要はないと考える人もいます。私も以前は同じ考えを持っていました。しかしある経験が私の考えを変えました。

ある日，私はスーパーマーケットに向かっていました。すると，男性が私のところに来て英語で言いました。「すみません。アオバ図書館に行きたいのです。どう行けばよいか教えていただけませんか。」私はその図書館を知っていましたが，英語を話すのが上手ではなかったので道を教えることができませんでした。すると，女性がやって来て，彼に英語でアオバ図書館への行き方を教えました。彼はその女性に感謝し，図書館に向かいました。彼はそのときとてもうれしそうでした。

この経験から，英語は他の人々を助けるために使うことができると学びました。将来，他の国に滞在するつもりはありませんが，あの男性のような人々に出会う機会はあるかもしれません。なので私は今，彼らを助けることができるようになるため，英語を一生懸命に勉強しています。

2 現在完了① ― 経験用法 ―

STEP 2 基本問題

本冊 P.11

1 (1) have visited (2) ever seen

2 (1) Have, taken (2) never[not]

3 (1) (Yuri) has never played soccer(.)
(2) Have you ever heard this song(?)
(3) How many times have you watched the movie(?)

解説

1 (1) 現在完了「経験」用法，〈have[has] + 過去分詞〉で表す。
(2)〈have + 過去分詞〉の形にするため，ever seen を選ぶ。ever は「今までに」の意味。

2 (1)「～の写真を撮る」は，take pictures of ～で表す。Have you ever taken pictures of ～？で，「今までに～の写真を撮ったことがありますか」の意味。
(2)「(今までに) 1度も～したことがない」は，〈have [has] + never + 過去分詞〉で表す。

3 (1)「(今までに) 1度も～したことがない」は never を have[has]のあとに置く。
(2)〈Have + 主語 + ever + 過去分詞～?〉で現在完了「経験」用法の疑問文，「今までに～したことがありますか」の意味。
(3)「何回～したことがありますか」は How many times のあとに現在完了の疑問文を続ける。

STEP 3 得点アップ問題

本冊 P.12

1 (1) has never been
(2) many times, visited
(3) have visited, times

2 (1) (I) have never written a letter to my sister(.)
(2) (She) has visited his father many times(.)
(3) Has Tom ever talked to Aya(?)
(4) How often have you made (a mistake?)

3 (1) have read (2) ウ
(3) (I love it and) I have seen the movie (many times.)
(4) Have you seen it (many times?) (You have seen it も可)

4 (1) Has Sally (ever) visited Kyoto?
(2) I have never listened to the song[music].

解説

1 (1) 現在完了「経験」用法の〈have[has] + been + to ～〉で，「～に行ったことがある」の意味。
(2) How many times ～？で，「何度(何回)～したことがありますか」
(3)「～回訪れた」は，have visited ～ times で表す。

2 (1) 現在完了「経験」の否定文「(今までに) 1度も

～ない」は，never を使って表す。主語が I の現在完了なので〈have＋過去分詞〉を使う。「～を書く」write の過去分詞は written。
(2) 現在完了「経験」を表す〈has＋visited〉の文にする。「何度も」は many times。
(3) ever「今までに」，talk to ～「～と話をする」。
(4) How often「何回」を文頭に置き，〈have＋主語＋過去分詞〉を続ける。

3 (1) twice「２回」とあり，次にシホが Oh, have you? と言っているので，現在完了「経験」の用法と考え，have read の形にする。
(2) will を使って「次はこの本を読むつもり」の意味にする。
(3)「その映画を(何回も)見たことがある」の意味になるよう，現在完了「経験」の文にする。
(4) 前の文から「何回も見たことがあるのですか」の意味になると考えられるので，Have you seen it を入れる。it は話題となっている，「ハリーポッターの映画」のことを指す。

4 (1)「京都を訪れたことがありますか」は，現在完了「経験」の疑問文で，〈Have[Has]＋主語＋(ever)＋visited ～?〉の形で表す。ever を入れてもよい。
(2)「１度も～ない」は never を使う。

全訳

3 **タロウ**：やあ，シホ。何しているんだい。
シホ：本を読んでいるところ。赤毛のアンよ。知ってる？
タロウ：うん，もちろん！　とても好きだよ。ぼくは２回読んだもの。
シホ：あら，読んだことあるのね。私もこの本大好きよ。プリンス・エドワード島にいつか行ってみたいわ。もうすぐ読み終わりそうだから，次はこっちの本を読もうと思っているの。これも知ってる？
タロウ：ハリーポッターシリーズの１冊だよね。ぼくはこのシリーズが大好きで，何回も映画を見たよ。
シホ：何回も？　すごい！　もし読みたければ，私より先に読んでもいいわよ。
タロウ：本当？　どうもありがとう。できるだけ早く返すね。

3 現在完了② ― 完了・結果用法 ―

STEP 2 基本問題

本冊 P.15

1 (1) イ　(2) ア　(3) ウ　(4) ア　(5) ウ

2 (1) has just　(2) eaten[had / finished], yet
(3) No, yet　(4) has lost

3 (1) He has gone to bed early(.)
(2) Has the soccer game started yet(?)
(3) I have not washed the dishes yet(.)

解説

1 (1)「私は宿題を終わらせたところです」の意味。現在完了「完了・結果」の用法は〈have[has]＋過去分詞〉で表す。
(2)「もうお皿を洗いましたか」の意味。現在完了「完了」の疑問文の「もう」は，yet で表す。
(3) has gone to ～「～に行ってしまって，今はここにいない」。
(4)「私はまだパンダを見ていません」の意味。現在完了「完了・結果」の否定文につく yet は，「まだ」という意味。
(5) cleaned, yet から現在完了の否定文だと考える。hasn't は has not の短縮形。「タカシはまだ彼の部屋を掃除していません」

2 (1)〈have＋just＋過去分詞〉で「ちょうど～したところだ」。
(2)「もう～しましたか」は，〈Have[Has]＋主語＋過去分詞～ yet?〉で表す。
(3)「いいえ，まだ食べていません」は，No, not yet. で表す。

3 (1) 現在完了「完了・結果」は〈have[has]＋過去分詞～〉で表す。
(2) 現在完了「完了・結果」の疑問文は，〈Have[Has]＋主語＋過去分詞～?〉で表す。「もう」は，文末に yet を置く。
(3) 現在完了「完了・結果」の否定文は，〈have[has]＋not＋過去分詞〉で表す。「まだ～ない」は，文末に yet を置く。

STEP 3 得点アップ問題

本冊 P.16

1 (1) He has already finished his homework.
(2) I have not[haven't] cleaned my room yet.
(3) Have you finished your homework yet?
[Have you finished your homework already?]
(4) They have already got married.

2 (1) I have just bought a heater(.)
(2) Has the meeting started yet(?)
(3) He has just left(.)
(4) He has gone to the town(.)

3 (1) ①ウ　②イ　③キ　④エ
⑤カ
(2) got

4 (1) ①彼はカナダに行ってしまった。
②彼はカナダに2回行ったことがある。
(2) ①春が来つつある。
②春が来た。

解説

1 (1) 主語が3人称単数になるので，have を has にする。my は his にかえる。
(2)「まだ～していない」は，〈have[has] + not + 過去分詞～ yet〉で表す。
(3)「もう～しましたか」は，〈Have[Has] + 主語 + 過去分詞～ yet?〉で表す。
(4)「すでに～してしまった」は，〈have[has] + already + 過去分詞〉で表す。

2 (1)「ちょうど～したところだ」は，〈have[has] + just + 過去分詞〉で表す。
(2)「もう始まっていますか」は，現在完了「完了・結果」の疑問文〈Have[Has] + 主語 + 過去分詞～ ?〉で表し，文末に yet を置く。
(3)「たった今出かけました」は，have[has] just left。just now は現在または過去の文で使う副詞で，現在完了の文では使うことができない。
(4)「～へ行ってしまって，今ここにはいない」は，〈have[has] gone to ～〉で表す。

3 (1) ①現在完了「完了・結果」の疑問文は，〈Have[Has] + 主語 + 過去分詞～ ?〉で表す。
②「いいえ，まだです」は No, not yet. で表す。
③ just「ちょうど，たった今」。
④「まだ終わっていない」の意味。現在完了の文。
⑤ isn't it? として「～ですよね」の意味の付加疑問の文にする。
(2) I've got it!「わかった！」の意味。口語表現でよく使われる現在完了の表現。I've は I have の短縮形。

4 (1) ①の have[has] gone to ～は，「～へ行ってしまった」の意味。②は twice「2回」があることから，「～へ2回行ったことがある」の意味になる。
(2) ①の Spring is coming. は「今，春が来つつある」ことを表す。②の Spring has come. は，現在完了が使われているので春が来ることが完了したことを表している。

全訳

3 トム：アヤ，英語の宿題もう終わった？
アヤ：いいえ，まだなの。たった今始めたところだから，まだ終わっていないわ。あなたはどう？
トム：終わったところだよ。とても難しいよね。
アヤ：ほんとうに？　あのね，私の宿題を手伝ってもらえる？　私，英語はあまり得意ではないの。
トム：もちろん。何ができるかな？
アヤ：この単語の意味がわからないの。何て意味かしら？
トム：辞書を調べてみるといいよ。はい，どうぞ。
アヤ：助かるわ，ありがとう。う～ん，OK。わかったわ！

4 現在完了③ ― 継続用法 ―

STEP 2 基本問題 本冊 P.19

1 (1) have lived (2) Have (3) How long has
2 (1) has worked (2) Have you been
(3) How long has, lived
3 (1) (I) have known him for (more than ten years.)
(2) Have you been here since (three o'clock?)

解説

1 (1)「(ずっと)～している」という状態の継続は現在完了 **〈have[has] + 過去分詞〉** で表す。has は主語が3人称単数のときに使う。
(2) 現在完了の疑問文は Have[Has] を文頭に置き，〈主語 + 過去分詞 ～ ?〉の語順を続けて作る。
(3)「どれくらいの間～していますか」は How long で文を始め，あとに現在完了の疑問文を続ける。

2 (3) 期間を問うので，How long で始まる疑問文にする。

STEP 3 得点アップ問題 本冊 P.20

1 (1) ウ (2) イ (3) イ
2 (1) (It) has been rainy for a week(.)
(2) (We) have known each other since we were children(.)
(3) How long has Tom wanted a personal computer(?)
(4) He has been busy for (three days.)
(5) How long has Jane lived in (this city?)
3 (1) ①ウ ②ク ③ア ④コ ⑥ク
(2) studied (3) イ
4 (1) Judy has stayed in Japan for three months.
(2) We have[We've] been busy since yesterday.
(3) How long has Kaoru lived in Tokyo?

解説

1 (1)「(ずっと)～している」という状態の継続は現在完了 **〈have[has] + 過去分詞〉** で表す。
(2) 現在完了の疑問文は **〈Have[Has] + 主語 + 過去分詞～ ?〉** の語順。
(3)「～から(今までずっと)」は since ～で表す。

2 (1) rainy は形容詞なので be 動詞のあとに置く。現在完了で使う場合には has been rainy とする。for は後ろに期間を示す語句を置き，「～の間」の意味を表す。
(2)「～の頃からの知り合いだ」は「～の頃から(ずっと)お互いを知っている」と考える。since はあとに文を続けることもできる。each other = 「お互い」
(3) How long「どれくらいの間」を使って疑問文を作る。
(4)「この3日間ずっと」なので for を用いた現在完

了の文を作る。
(5)「どれくらいの間〜しているか」は How long を文頭に置いて現在完了の疑問文を作る。主語は Jane なので have ではなく has を使うことに注意。

3 (1) ①現在完了で期間をたずねるときは，〈How long + have[has] + 主語 + 過去分詞〜?〉。
②⑥期間を表す前置詞 for を使う。②の For six months は「6か月間」，⑥の for some years は「数年間」の意味。
③ Are you with 〜?「〜と一緒に(過ごして)いますか」の意味。
(2) 現在完了は〈have[has] + 過去分詞〉の形。
(3) ここでの look 〜は「〜に見える」の意味。they look beautiful で，「美しく見える」。

4 (1)「日本に滞在している」は，has stayed in Japan。主語が3人称単数なので have ではなく，has にする。「3か月前から(ずっと)」は「3か月間」と考えて，for three months を使う。

全訳

3 ケン：どのくらいの間，日本に滞在しているの，ベッキー？
ベッキー：6か月間だよ。
ケン：今，家族と一緒に住んでいるの？
ベッキー：いいえ。私の家族はアメリカにいるわ。
ケン：じゃあ，家族について教えて。何人家族なの？
ベッキー：4人よ。父，母，姉[妹]のエイミー，私。エイミーは数年間語学学校で日本語を勉強しているから，日本語が上手なの。昨日，エイミーから写真をもらったのよ。彼女はニューヨークでそれらを撮ったよ。見たい？
ケン：うん，ぜひ。おお，きれいだね。

5 現在完了④ ― 現在完了進行形 ―

STEP 2 基本問題

本冊 P.23

1 (1) have been playing (2) been watching

2 (1) has been practicing
(2) Have, been reading

3 (1) (I) have been doing my homework since (this morning.)
(2) How long has he been sleeping(?)
(3) We have been playing tennis all (day.)

解説

1 (1)「野球をする」という動作の継続は現在完了進行形 **〈have[has] been ＋動詞の ing 形〉** で表す。
(2)「ずっとテレビを見ているのですか」という日本語と文頭にある Has から，現在完了進行形の疑問文の形にする。

3 (2)「どれくらいの間」なので How long で文を始め，あとに疑問文の語順を続ける。

STEP 3 得点アップ問題

本冊 P.24

1 (1) have been walking
(2) How long, been studying

2 (1) has been reading (2) How long have

3 (1) We have been running in the park for an hour(.)
(2) Has she been talking with her friends since three o'clock(?)

4 (1) ① writing ③ tried
(2) have already decided
(3) (a) 例：She started to do it at ten (o'clock).
(b) 例：It has been popular for three months [since the restaurant opened].

5 (1) I have been waiting for him for twenty minutes.
(2) Has it been raining since this morning?

解説

1 (1)「歩く」という動作の継続を表す現在完了進行形 **〈have[has] been ＋動詞の ing 形〉** を使った文にする。
(2)「どれくらいの間」なので How long で文を始め，あとに疑問文の語順を続ける。文中に has があることや空所の数から，現在完了進行形の疑問文を続ける。

2 (1)「カズマは30分前に図書館で読書をし始めました。彼は今でもそこで読書をしています」⇒「カズマは30分間ずっと図書館で読書をしています」
(2)「私は1時間ずっとギターを練習しています」⇒「あなたはどれくらいの間ギターを練習しているのですか」

3 (1)「走る」という動作の継続を表す現在完了進行形**〈have[has] been ＋動詞の ing 形〉**を使った文にする。「～間」などと期間・起点を表す語句はふつう文末に置く。run「走る」の ing 形 running を補う。
(2) 現在完了進行形の疑問文は Have[Has]を文頭に置き，〈Have[Has] + 主語 + been + 動詞の ing 形 ～?〉とする。

4 (1) ① finish は動名詞を目的語にとる。 ③直前に have never があるので，現在完了になるように過去分詞にする。
(2)「もう～した」なので，完了を表す現在完了〈have [has] + 過去分詞〉を使う。肯定文での「もう」は already で表し，過去分詞の前に置く。
(3) (a)「メアリーは何時に数学の宿題をし始めましたか。」という質問。アユミの最初の発言とメアリーの２つ目の発言を参照。
(b)「ワカバ・キッチンのピザはどれくらいの間人気なのですか。」という質問。アユミの最後の発言を参照。

5 (1)「待つ」という動作の継続を表す現在完了進行形**〈have[has] been ＋動詞の ing 形〉**を使った文にする。

ミス注意!
「～を待つ」は wait for ～！
wait は「待つ」という意味の自動詞で，直接目的語をとらない。「～を待つ」は wait for ～で表す。
× I have been waiting him for ～.
○ I have been waiting for him for ～.

(2)「雨が降る」という動作の継続を表す現在完了進行形の疑問文にする。天気について述べる文では，it を主語にする。「今朝」は this morning で表す。

全訳

4 **アユミ**：メアリー，もう 12 時だよ。一緒に昼食を食べに出かけない？
メアリー：それはいい考えね。とてもおなかがすいているの。
アユミ：数学の宿題はもう終わった？
メアリー：いいえ。私にはとても難しいの。２時間しているけど，終わらせるにはもっと時間が必要だと思うわ。あなたはどう？ レポートは書き終わった？
アユミ：いいえ。でも何について書くかはもう決めたから，この宿題はすぐ終えられると思うわ。
メアリー：それはよかったわね。ええと，どこで昼食を食べる？
アユミ：私はワカバ・キッチンっていうレストランに行きたいわ。行ったことがある？
メアリー：いいえ，試したことはないわ。そこでどんな種類の食べ物が食べられるの？
アユミ：イタリア料理よ。そのレストランは３か月前にオープンしたんだけれど，それ以来そこのピザがずっと大人気らしいの。
メアリー：それはよさそうね。一緒にそのレストランに行きましょう。

1～5のまとめ

定期テスト予想問題

本冊 P.26

1 (1) have just arrived (2) was built in
(3) has been practicing

2 (1) Was, taken by (2) has lived, since

3 (1) How long have you used this desk(?)
(2) The top of the mountain is covered with snow(.)

4 (1) ① got ④ known
(2) I have wanted to see her since (I came to Japan.)
(3) 私は以前に１度もそこへ行ったことがありません。
(4) (a) 例：No, she hasn't[has not].
(b) 例：She is[She's] interested in Japanese history and culture.
(c) 例：He has been there twice.

解説

1 (1)「ちょうど～したところだ」は完了を表す現在完了**〈have[has]＋過去分詞〉**を使って表す。「ちょうど」は just で表し，過去分詞の前に置く。
(2)「～されました」は受け身**〈be 動詞＋過去分詞〉**の形を使って表す。主語が３人称単数で過去の文なので，be 動詞は was を使う。
(3)「３時間ずっとギターを練習しています」なので，動作の継続を表す現在完了進行形**〈have[has] been ＋動詞の ing 形〉**を使う。主語が３人称単数なので，have ではなく has を使う。

2 (1)「あなたのお兄さん[弟さん]がこの写真を撮ったのですか」⇒「この写真はあなたのお兄さん[弟さん]によって撮られたのですか」。「～によって」と動作を行った人を表す場合は **by ～**を使う。

ミス注意!
take の過去分詞は taken
take は take（原形）－ took（過去形）－ taken（過去分詞）と活用する。

(2)「ユカは去年，東京に来ました。彼女は今でもここに住んでいます」⇒「ユカは去年から東京に住んでいます」。「住んでいる」という状態の継続は継続用法の現在完了〈have[has] + 過去分詞〉で表す。「～から(ずっと)」は since ～。

ミス注意!
継続用法の現在完了と現在完了進行形
継続用法の現在完了⇒**状態**の継続を表す。
現在完了進行形⇒**動作**の継続を表す。

3 (1)「どれくらい長く」なので How long で文を始め，あとに疑問文の語順を続ける。語群の内容から，現在完了の疑問文にする。

ミス注意!
継続用法の現在完了と動作動詞
動作を表す動詞であっても，習慣としての動作を表すもの(study, use など)は，継続用法の現在完了で表すことができる。
I **have used** this computer for ten years.
(私はこのコンピューターを 10 年間ずっと使っています。)

⇒「使う習慣がある」という状態の継続を表している。
I **have been using** this computer for two hours.
(**私はこのコンピューターを2時間ずっと使っています。**)
⇒「使う」という動作の継続を表している。

(2)「～におおわれています」なので，受け身**〈be 動詞＋過去分詞〉**の形を使った文にする。

ミス注意!

「～におおわれている」は by を使わない。
「～におおわれている」という日本語につられて，by ～を使わないように注意。
× be covered by ～
○ be covered with ～

4 (1) ①今朝の話をしているので，過去形 got にする。④前に be 動詞があることに注目する。It (＝*Rokuon-ji*) は「知られている」と考え，受け身〈be 動詞＋過去分詞〉の形になるように，過去分詞にする。

ミス注意!

know の過去分詞は known
know は know(原形) － knew(過去形) － known(過去分詞)と活用する。

(2) have, since, wanted があることから，継続用法の現在完了の文にする。
(4) (a)「ケイトは以前，日本に滞在したことがありますか。」という質問。アンの最初の発言3文目を参照。
(b)「ケイトは何に興味がありますか。」という質問。アンの2つ目の発言1～2文目を参照。
(c)「トオルは京都に何回行ったことがありますか」という質問。トオルの4つ目の発言1文目を参照。

全訳

4 **トオル**：やあ，アン。とてもうれしそうだね。
アン：こんにちは，トオル。今朝，私の国にいる古い友達の1人，ケイトからEメールを受け取ったの。次の夏，彼女は初めて日本に来る予定なのよ。彼女は3日間私の家に滞在するんだ。私は日本に来てからずっと彼女に会いたいと思っていたの。だからそのことがとてもうれしいの。
トオル：それはよかったね。彼女とは何をするの？
アン：彼女は日本の歴史と文化について学んだわ。長い間ずっとそれらに興味を持っているのよ。だから私は彼女を長い歴史のある人気の場所に連れて行ってあげたいと思っているの。彼女をどこに連れて行ってあげたらいいかしら？
トオル：京都はどうかな？　彼女はそこでいい時間を過ごせると思うな。
アン：私は今までに1度もそこへ行ったことがないわ。あなたは？
トオル：ええと，ぼくは小学生のときと，去年に訪れたよ。今写真が何枚かあるんだ。見たい？
アン：ええ，ありがとう。わあ，京都にはいい場所がたくさんあるのね。あら，このお寺はとてもきれいね。
トオル：それは鹿苑寺(ろくおんじ)だよ。金閣寺としても知られているんだ。そこは京都にあるぼくのお気に入りの場所の1つなんだ。

6 不定詞① ― 動詞＋人＋不定詞 ―

STEP 2 基本問題　本冊 P.29

1 (1) イ　(2) ウ　(3) イ

2 (1) ask, to　(2) want her to
(3) told them to

3 (1) I want you to be here(.)
(2) (My mother) told them to open the window(.)
(3) (Kate) asked her parents to take her (to the party.)

解説

1 (1)「私はコウジに手を洗うようにと言いました」不定詞は〈to＋動詞の原形〉なので**ウ**は当てはまらない。〈tell＋人＋不定詞〉の形となるのは**イ**。
(2)「その女性は私に理由を説明してもらえないかと頼みました」
(3)〈動詞＋人(目的語)＋不定詞〉の文では，「人」に人称代名詞が入るときは目的格となる。**ア**は主格，**ウ**は所有格である。「彼の父親は彼に医者になってほしいと思っています」

2 (1) **ミス注意!**
that man「あの男性」に直接座るように頼んでいるわけではない。〈ask＋人＋to〉「(人)に～するように頼む」の形を使った命令文。sit down で「座る」。
(2) 疑問文でも〈動詞＋人＋不定詞〉の文の語順は変わらない。「彼女に」は目的格なので her となることに気をつけよう。
(3)「～に言った」なので，asked ではなく told を使う。

3 (1) 日本文が「私は」で始まっているので，主語の I を文頭に置いてから〈動詞＋人＋不定詞〉の語順にする。be here で「ここにいる」。
(2)「(人)に～するように言った」から，〈tell＋人＋to＋動詞の原形〉の形にする。told は tell の過去形。
(3)「(人)に～するように頼んだ」から，〈ask＋人＋to＋動詞の原形〉の形にする。「(人)を(場所)に連れて行く」は〈take＋人＋to＋場所〉。省略せずに訳すのなら「ケイトは彼女の両親に彼女をパーティーに連れて行ってくれるよう頼みました」となる。

STEP 3 得点アップ問題　本冊 P.30

1 (1) (My grandmother) told me to be a good boy(.)
(2) (Does Sarah) want you to read the letter(?)
(3) (I) want Takeru to come to my house (at seven.)
(4) (I) asked her to come to the party(.)

2 (1) me, Help　(2) to, him
(3) ask her, him　(4) asked, not

3 (1) I want to ask my classmates to (bring some used stamps or miswritten postcards to school if they have any.)
(2) used stamps and miswritten postcards
(3) ③ send　④ to

(4) イ

4 例：They asked me to buy a[one] book.

解説

1 (1) be a good boy で「いい子でいる」。
(2) 疑問文でも〈want ＋人＋不定詞〉の語順は変わらない。主語(Sarah)に続けて want ... と置く。
(3)〈want ＋人＋不定詞〉の文。タケル(Takeru)が「人」にあたる。
(4)〈ask ＋人＋不定詞〉の文。

2 (1)「ジェーンは私にサリーを助ける〔手伝う〕ように言いました」〈tell ＋人＋不定詞〉の文は書きかえのとき命令文に please をつけない。

(2) **ミス注意!**
もとの文の me をそのまま使わない。me は発話したトム(男性)のことなので him(彼に)とする。「トムは自分に何でも聞いてくれと彼女に言いました」
(3) "Could you 〜?" というていねいに依頼する表現があるので，書きかえる際は〈ask ＋人＋不定詞〉の形を使う。もとの文の me は主語の He のことなので，書きかえた文では him とする。「彼は彼女にノートを見せるよう頼むでしょう」
(4)「彼女は父親に『ここで眠らないでください』と言いました」を「彼女は父親にここで眠らないようにお願いしました」とすればよい。「〜しないように」は〈not to ＋動詞の原形〉で表す。

3 (1) (　) の中に want と ask の動詞が 2 つあるが，日本文に「(切手やはがきを)学校に持ってくるように頼みたい」とあるので，〈ask ＋人＋ to bring〉の前に「したい(want to)」を置く。
(2) 前文のスミス先生の発言をよく読む。突然使用済み切手や書き損じはがきと言われたので少し驚いている場面である。
(3) ④〈children in developing countries〉をひとまとまりと考え，〈want ＋人＋不定詞〉の文にする。

4「私に〜するように頼んだ」なので asked me to 〜の形で表せる。

全訳

3 **ナナ**：スミス先生，今ちょっとお時間よろしいですか？
スミス先生：もちろん。どうしたの？
ナナ：私はクラスメートたちに，使用済み切手や書き損じはがきを持っていたら，学校に持ってくるように頼みたいんです。いいでしょうか？
スミス先生：使用済み切手や書き損じはがきだって？それらで君は何をするつもりなの？
ナナ：それらをユネスコに送るつもりです。ユネスコは使用済み切手や書き損じはがきを発展途上国の子供たちの学校教育を支援するために集めているんです。たとえばもし私が書き損じはがきを 1 枚送ると，ネパールの子どもたちは鉛筆を 7 本手に入れることになります。私は私の努力を通じて発展途上国の子どもたちに彼らの学校生活を楽しんでほしいと思っています。
スミス先生：それはいいね。よし，一緒にそれらを集めよう。

7 不定詞② ― let[help]＋人＋動詞の原形 ―

STEP 1 要点チェック　本冊 P.32

① let him read　② help you clean

STEP 2 基本問題　本冊 P.33

1 (1) see　(2) you carry

2 (1) helped me wash[do]　(2) Let me play

3 (1) (He) let me use (his computer.)
(2) (She) helps me learn (English.)

4 (1) I helped my mother cook dinner.
(2) My father let me go to Australia.

解説

1 (1) **〈let ＋人＋動詞の原形〉**で「(人)に〜させてやる」という意味。let は過去形も let。〈人〉に自分を含んでいるので，「〜させてくれた」という日本語になっている。
(2)「(人)が〜するのを手伝う」は **〈help ＋人＋動詞の原形〉** で表す。

2 (2)「私に〜させてください」なので，命令文で表す。命令文は動詞の原形で始めるので，**〈Let ＋人＋動詞の原形〜 .〉** の形の文になる。

4「母」「父」は自分の母親・父親のことを指すので，my mother，my father と表す。

STEP 3 得点アップ問題　本冊 P.34

1 (1) ウ　(2) イ

2 (1) helped them clean　(2) let me play

3 (1) helped me do[finish]　(2) Let me see
(3) let，play

4 (1) マイクが日本での滞在を気に入ってくれていると知ったから。
(2) (a) dictionary, write[learn]
(b) let him write
(3) For three months.

5 (1) He helped me carry some chairs.
(2) Let me know your birthday.
(3) My parents didn't let me go to the park.

解説

1 (1) 直前に〈help ＋人〉の形があるので，動詞の原形を選び，**〈help ＋人＋動詞の原形〉**「(人)が〜するのを手伝う」を使った文にする。
(2) 直後に〈人＋動詞の原形〉があるので，let を選び，〈let ＋人＋動詞の原形〉「(人)に〜させてやる」を使った文にする。

ミス注意!
let[help]には〈人＋動詞の原形〉が続く。
〈人＋ to ＋動詞の原形〉が続く動詞と混同しないように注意。

〈人＋ to ＋動詞の原形〉が続く動詞…want, ask, tell
〈人＋動詞の原形〉が続く動詞…let, help

2 (1)「(人)が〜するのを手伝う」＝〈help ＋人＋動詞の原形〉。〈人〉に代名詞が入るときは，目的格(「〜を[に]」の形)にする。
(2)「(人)に〜させてやる」＝〈let ＋人＋動詞の原形〉。

3 (1)「アヤカは私の数学の宿題を手伝ってくれました」⇒「アヤカは私が数学の宿題をする〔終わらせる〕のを手伝ってくれました」。〈help ＋人＋ with ＋もの〉で「(人)の(もの)を手伝う，(もの)のことで(人)を手伝う」という意味。
(2)「私に図書館カードを見せてください」⇒「私に図書館カードを見させてください」
(3) yesterday があるので，元の文は過去の文だとわかる。動詞の形はかわらない。

4 (1)〈形容詞＋ to ＋動詞の原形〉「〜して…」の文。
(2) (a)「辞書がマイクが日本語を書くのを手伝います[助けます]」という文にする。マイクの２つ目の発言を参照。
(b)「マイクはナナに，作文で彼女とその家族について書かせてくれるよう頼みました」という文にする。マイクとナナの最後のやりとりを参照。
(3)「マイクはどれくらいの間，日本に滞在していますか」→マイクの３つ目の発言を参照。

5 (1)「(人)が〜するのを手伝う」＝〈help ＋人＋動詞の原形〉
(2)「私に〜を教えてください」＝「私に〜を知らせて[知っている状態にさせて]ください」
(3)「私に〜させてくれませんでした」なので，〈let ＋人＋動詞の原形〉を使った否定文にする。

全訳

4 マイク：ぼくは来月ぼくたちの市である作文コンテストに向けて作文を書いているんだ。
ナナ：それはいいわね。わあ，日本語で書いているんだ！
マイク：うん。日本語を書くのはまだ少し難しいけれど，この辞書がぼくを助けてくれるんだ。
ナナ：なるほど。何について書いているの？
マイク：ぼくの日本での生活についてだよ。日本に来てからずっとここですばらしい3か月を過ごしているから，作文でこの気持ちを表現したいと思っているんだ。
ナナ：あなたが日本での滞在を気に入ってくれていると知ってうれしいわ。
マイク：ナナ，君と君の家族について書いてもいいかな？
ナナ：もちろん。

8 いろいろな文型(5文型)

STEP 2 基本問題

本冊 P.37

1 (1) ア　(2) オ　(3) ウ　(4) イ　(5) エ

2 (1) became　(2) smells　(3) tastes
(4) looks young

3 (1) Tomomi made some hamburgers for us(.)
(2) Jim lent his camera to my friend(.)

解説

1 (1) 第2文型(S＋V＋C)の文。She(S)＝a good teacher(C)の関係であることに着目する。
(2) 第5文型(S＋V＋O＋C)の文。us(O)＝very happy(C)の関係になっていることに着目する。
(3) 第3文型(S＋V＋O)の文。
(4) 第1文型(S＋V＋修飾語)の文。to Canada は修飾語なので，文の要素はSとVのみ。
(5) 第4文型(S＋V＋O_1＋O_2)の文。me(O_1)と a picture book(O_2)はイコールの関係ではないことに着目する。

2 (1)「〜になる」は become。過去形は became。
(2)「〜のにおいがする」は smell。
(3)「味が苦い」は taste(s) bitter。
(4)「若く見える」は look(s) young。主語が3人称単数の He なので looks young とする。

3 (1)「O_1にO_2を作る」は，〈make ＋O_1＋O_2〉または，〈make ＋O_2＋ for ＋O_1〉の形で表す。
(2)「O_1にO_2を貸す」は,〈lend ＋O_1＋O_2〉または,〈lend ＋O_2＋ to ＋O_1〉の形で表す。lend の過去形は lent となることにも注意。

STEP 3 得点アップ問題

本冊 P.38

1 (1) ウ　(2) イ　(3) イ　(4) イ

2 (1) She looks very young (, doesn't she?)
(2) He made dinner for his friends (on Sunday.)
(3) Have you ever lent your money to her(?)

3 (1) ice cream for Taro
(2) イ
(3) 観覧車からのながめはとても美しく見えました。
(4) ウ

4 (1) (This soup) smells good[nice](.)
(2) I chose my father a tie.
または I chose a tie for my father.

解説

1 (1) 第5文型(S＋V＋O＋C)の文。us(O)＝sad(C)の関係になっている。
(2)〈order ＋O_1＋O_2〉または〈order ＋O_2＋ for ＋O_1〉で「O_1にO_2を注文する」の意味。つまり，ordered me(O_1) a cake(O_2) または ordered a cake for me の語順になる。
(3) turn 〜で「〜になる」。turn は質の変化などを表すときに使う。第2文型(S＋V＋C)の形をとる。

ここでの「すっぱくなった」は，現在完了「完了・結果」を用い has turned sour とする。
(4) 〈send + O_1 + O_2〉 または 〈send + O_2 + to + O_1〉 で「O_1 に O_2 を送る」。ここでは後者の表現を用いる。

2 (1)「～に見える」は look ～。
(2)「O_1 に O_2 を作る」は 〈make + O_1 + O_2〉 または 〈make + O_2 + for + O_1〉 で表す。
(3)「今までに～したことがありますか」は 〈Have you ever +過去分詞～ ?〉で表す。〈lend + O_1 + O_2〉または〈lend + O_2 + to + O_1〉で「O_1 に O_2 を貸す」。

3 (1)「O_1 に O_2 を買ってあげる」の文を 〈buy + O_2 + for + O_1〉 の文型で作る。Taro が O_1 に，ice cream が O_2 にあたる。
(2)「甘くておいしかった」は，「～の味がする」の taste を使って表す。
(3) look ～「～に見える」を使った第２文型(S + V + C)の文。The view (S) = very beautiful (C) の関係があることをふまえて訳す。
(4) 〈choose + O_2 + for + O_1〉で「O_1 に O_2 を選ぶ」。

4 (1) 第２文型(S + V + C)の形を用いる。「よいにおいがする」は，smell good[nice]と表す。主語の soup は数えられない名詞。数えられない名詞は３人称単数扱いなので smell を smells にする。
(2)「O_1 に O_2 を選ぶ」は，〈choose + O_1 + O_2〉 または 〈choose + O_2 + for + O_1〉 の形で表す。「選んだ」なので choose を過去形の chose にする。

全訳

3 昨日，私はタロウ君と東町の遊園地に行きました。遊園地には乗り物がたくさんあり，大きな池が１つあります。まず，私はジェットコースターに乗りました。そのあと，売店でタロウ君にアイスクリームを買ってあげました。私はタロウ君と一緒にアイスクリームを食べました。それは甘くておいしかったです。次に，私たちは観覧車に乗りました。観覧車からのながめは，とても美しく見えました。そして，そこから富士山が見えたので，その写真を撮りました。最後に，おみやげやさんに入り，母のために絵はがきを選びました。

6～8のまとめ

定期テスト予想問題

本冊 P.40

1 (1) **イ**　(2) **ウ**　(3) **エ**

2 (1) helped them clean
(2) became a teacher　(3) ask，to go

3 (1) told, to be　(2) bought, for me

4 (1) The news made them happy(.)
(2) He sent me a lot of letters(.)
(3) I want you to come to the party(.)
(4) Can you let me see your notebook(?)

5 (1) (a)例：いつも怒っているように見える
(b)例：とても多くの生徒から好かれている
(2) 例：なくしてしまったとても大切な腕時計が見つからないことが本当に悲しかった。
(3) Let me help you look for it(.)

解説

1 (1) 第４文型(S + V + O_1 + O_2)となるものは**イ**。
(2) 第２文型(S + V + C)となるものは**ウ**。
(3) 第５文型(S + V + O + C)となるものは**エ**。どれにも当てはまらない**ア**は第１文型(S + V)。

2 (1)「(人)が～するのを手伝う」は **〈help ＋人＋動詞の原形〉** で表す。〈人〉に代名詞を入れるときは目的格(「～を[に]」の形)にする。
(2)「～になった」は become の過去形 became を使って表す。「教師」は teacher。
(3)「(人)に～するように頼む」は **〈ask ＋人＋ to ＋動詞の原形〉** で表す。

3 (1)「先生は生徒たちに『静かにしなさい』と言いました」≒「先生は生徒たちに静かにするように言いました」。「(人)に～するように言う」は **〈tell ＋人＋ to ＋動詞の原形〉** で表す。tell の過去形は told。
(2)「祖父は私に新しい自転車を買ってくれました」**〈buy ＋人＋もの〉** は **〈buy ＋もの＋ for ＋人〉** に書きかえることができる。

ミス注意！
一人で完了させられる動作のときは for
第３文型に書きかえたときに to と for のどちらを使うかは，動詞が表す動作を終わらせるのに，相手が必ず必要かどうかで判断できる。
to：teach, show など，相手が必ず必要な動作を表す動詞のときに使う。
He teaches English to small children. (彼は小さな子どもに英語を教えます。)→「小さな子ども」という相手が必要。
for：buy，make など，自分一人で終わらせることができる動作を表す動詞のときに使う。
He makes a cake for me. (彼は私のためにケーキを作ります。)→「私のために」という相手は不要。

4 (1)「(人)を～(の状態)にさせる」は，**〈make ＋人＋形容詞〉** を使った第５文型の過去の文で表す。
(2) 語群に to がないので，「(人)に～を送る」は〈send ＋人＋もの〉 で表す。「たくさんの」 ＝ a lot of
(3)「(人)に～してもらいたい」は **〈want ＋人＋ to ＋動詞の原形〉** で表す。

(4)〈**let ＋人＋動詞の原形**〉「(人)に～させてやる」で表す。

❺ (1) 直前の２文参照。〈look ＋形容詞〉は「～に見える」という意味。
(2) That の内容は直前の２文を参照。
(3) ジョンはこの発言のあと，「私」と一緒に腕時計を探している。この行動と語群の help と let から，「私にあなたがそれを探すのを手伝わせてください」と言ったと考えられる。発言の中での文頭にあたるので，大文字で始めることに注意。

全訳

❺ 私は私の友達，ジョンについて話します。最初，私はジョンが好きではありませんでした，なぜなら私たちにあまり話しかけてこず，いつも怒っているようだったからです。しかし，彼はとても多くの生徒に好かれていました。私はその理由がわかりませんでした。
ある日の放課後，私は腕時計をなくしてしまいました。それは私にとってとても大切なもので，あらゆる所を探しましたが，見つかりませんでした。私はそのことが本当に悲しかったです。
すると，ジョンがやって来て私に「何か探しているの？」と言いました。私は彼に「うん，腕時計をね。」と言いました。すると彼は，「ぼくに探すのを手伝わせてよ。」と言いました。彼は私と腕時計を探してくれ，ついに私たちはそれを見つけました。私は「どうもありがとう，ジョン。とてもうれしいよ」と言いました。私は彼がとても親切だとわかり，私たちは話すようになりました。今，彼は私の親友の１人です。

9 間接疑問文

STEP 2 基本問題

本冊 P.43

1 (1) where the shop is (2) what you want
2 (1) when he plays (2) what I was
3 (1) (I know) how he made friends with her(.)
(2) (Could you) tell me how long you studied yesterday(?)
(3) (I) don't know who wrote this book(.)

解説

1 (1)「その店がどこにあるか」は疑問詞 where を使った間接疑問〈**疑問詞＋主語＋動詞**〉で表す。
(2)「(あなたが)何が欲しいのか」は疑問詞 what を使った間接疑問〈**疑問詞＋主語＋動詞**〉で表す。

2 (1)「彼がいつ～するのか」は疑問詞 when を使った間接疑問で表す。間接疑問の中の主語が３人称単数のときは，動詞も３人称単数形になる。
(2)「(私が)何を作っているのか」は疑問詞 what を使った間接疑問で表す。主となる文の動詞が asked と過去形なので時制の一致が起こり，「何を作っているのか」は現在進行形ではなく，過去進行形を使って表す。

3 (2)「(あなたが)どれくらいの間～したか」は how long を１つの疑問詞として使った間接疑問で表す。
(3)「だれが～したのか」は疑問詞 who を使った間接疑問で表す。ここでの「だれが」は疑問文中の主語にあたるので，間接疑問は〈疑問詞＋動詞〉の形になる。

STEP 3 得点アップ問題

本冊 P.44

1 (1) where you bought
(2) what she was
2 (1) why she said (2) who made this cake
(3) asked, what I wanted
3 (1) Please show me how you cook an omelet(.)
(2) Let's check what we should do for the environment(.)
4 (1) ① I wonder why you are here(.)
③ I don't know what these words mean(.)
(2) you help me
(3) ア，イ，オ
5 (1) Do you know what time it is now?
(2) I asked him when he was going to come to Japan.

解説

1 (1)「あなたがどこで～したか」は疑問詞 where を使った間接疑問〈**疑問詞＋主語＋動詞**〉で表す。
(2)「(彼女が)何をしているのか」は疑問詞 what を使った間接疑問〈**疑問詞＋主語＋動詞**〉で表す。主となる文の動詞が didn't ～と過去形なので時制の一致が起こり，「何をしているのか」は現在進行形ではなく，過去進行形を使って表す。

2 (1)「彼女はなぜそれを言ったのでしょうか。私はそれがわかりません。」⇒「私はなぜ彼女がそれを言ったのかわかりません。」

ミス注意!

間接疑問の動詞の形に注意！
疑問文を間接疑問にするとき，〈疑問詞＋主語＋動詞〉の語順になり，動詞の形は主語の数や人称，表す時などによってかわるので注意。
Why **did** she say that? + I don't know that.
⇒×　I don't know why she says that.
⇒○　I don't know why she said that.

(2)「このケーキを作ったのはだれですか。それを私に教えてください」⇒「私にこのケーキを作ったのはだれか教えてください」。疑問詞が主語になる間接疑問は〈疑問詞＋動詞～〉の語順になる。
(3)「母は私に，『夕食に何が食べたい？』と言いました」⇒「母は私に，私が夕食に何を食べたいかたずねました」。主となる文の動詞が過去形になるので，時制の一致が起こり，間接疑問の中の動詞も過去形にする。

3 (1)〈show ＋人＋もの〉「(人)に(もの)を見せる」の〈もの〉に「オムレツをどう作るか」を表す間接疑問を入れた文にする。do が不要。
(2)「何をすべきか」は疑問詞 what を使った間接疑問で表す。間接疑問に助動詞が入る場合は〈疑問詞＋主語＋助動詞＋動詞の原形〉の語順になる。「何をすべきか」は〈what to ＋動詞の原形〉でも表せるが，不要な語が we と should の２語になってしまうので不適切。to が不要。

4 (1) ①肯定文であるのに why があることから，間接疑問文にすると考えられる。wonder は「～かしら(と思う)」という意味の動詞で，あとに間接疑問を続けることができる。「私はなぜあなたがここにいるのだろうと思っています」という意味の文にすると，直後の「公園にいると思っていた」という発言につながる。
③肯定文であるのに what があることから，間接疑問文にすると考えられる。直後でジュディが単語の意味を説明していることから，「私はこれらの単語が何を意味するのかわかりません」という意味の文にする。
(2)「(人)が～するのを手伝う」はここでは〈help ＋(人)＋動詞の原形〉で表す。
(3) **ア**「ジュディはミホが図書館にいると思いませんでした」ジュディとミホの最初のやりとりに一致。
イ「タロウは病気なのでミホとテニスができませんでした」ミホの１つ目の発言に一致。
ウ「ミホは図書館で宿題をするように言われました」このような記述はない。
エ「ミホは『peace(平和)』という単語の意味を知りたがっていました」→ジュディの４つ目の発言に不一致。
オ「ジュディはミホにどのように日本語を勉強しているか教えました」ジュディの最後の発言に一致。

5 (1)「何時か」は疑問詞 what time を使った間接疑問で表す。時刻をたずねるので，間接疑問の主語には it を使う。
(2)「(彼が)いつ～か」は疑問詞 when を使った間接疑問で表す。「～する予定」は be going to ～で表す。

全訳

4 **ジュディ**：こんにちは，ミホ。なぜあなたがここにいるのかしら。タロウとテニスをするために公園にいるんだと思っていたんだけど。
ミホ：タロウと私はそうする予定だったんだけど，タロウが風邪をひいてしまったの。彼が親から家にいるように言われたから，私は今この図書館にいるの。
ジュディ：それは気の毒に。それで，今は何をしているの？
ミホ：英語の宿題をしているの。この宿題をするのを手伝ってくれない？
ジュディ：いいわよ。何をしたらいい？
ミホ：これらの単語が何を意味するのかわからないの。
ジュディ：ええと…。日本語でこれは「思い出」という意味で，これは「約束」という意味よ。
ミホ：わあ，すごい！　あなたは日本語がわかるのね！
ジュディ：ありがとう。テレビやたくさんの映画を見ることで毎日日本語を勉強しているの。

10 SVO$_1$O$_2$ のまとめ

STEP 2 基本問題

本冊 P.47

1 (1) your notebook(s)　(2) how to cook[make]
(3) what they bought　(4) why you are

2 (1) (He) told me where to go in Australia(.)
(2) (I) asked her what I should do next(.)
(3) (This book) shows us science is interesting(.)
(4) Can you tell me how to get to the zoo(?)

解説

1 (1) 直前に show me があるので,「(人)に(もの)を見せる」は**〈show ＋人＋もの〉**で表す。
(2)「～の仕方」は**〈how to ＋動詞の原形〉**で表す。
(3)「彼らが何を買ったか」は疑問詞 what を使った間接疑問**〈疑問詞＋主語＋動詞〉**で表す。時制の一致により,動詞 buy を bought にすることに注意。
(4)「なぜ～なのか」は〈why ＋主語＋動詞～〉で表す。

2 (1) 語群に動詞の原形の go と to, where があることから,「どこに～すべきか」は〈where to ＋動詞の原形〉で表す。
(2) 語群に主語になる I, what, 助動詞 should があるので,「次に何をすべきか」は間接疑問で表す。
(3)「～ということ」は that 節で表すが,語群の内容から that を省略するとわかる。
(4)「～への行き方」は how to get to ～とする。

STEP 3 得点アップ問題

本冊 P.48

1 (1) how to cook　(2) I should do
(3) asked, where Karen was

2 (1) My father gave me a new bike on (my birthday.)
(2) She told me when to visit the place(.)
(3) I asked her how long she was going to stay (in Australia.)
(4) Could you tell him that we have a math test (tomorrow?)

3 (1) (a) helps, work　(b) many tadpoles
(2) (a)○　(b)×　(c)×

4 (1) 例：Please tell me[Let me know] when you will come back to Japan.
(2) 例：The book told[showed] me my idea wasn't right.

解説

1 (1)「この動画はおいしいカレーを作る方法を私たちに示してくれます」≒「この動画はおいしいカレーの作り方を私たちに示してくれます」
(2)「次に何をすべきか,私に教えてくれますか」≒「次に私が何をすべきか,私に教えてくれますか」
(3)「ユウタは私に『カレンはどこ？』と言いました」≒「ユウタは私に,カレンがどこにいるかたずねました」。主となる文の動詞が asked と過去形になるので,時制の一致により,where Karen **was** となる。

2 (1)〈give ＋人＋もの〉で「(人)に(もの)をあげる」という意味になる。
(2)「いつ～すべきか」は〈when to ＋動詞の原形〉で表せる。
(3)「どれくらい～する予定か」は間接疑問で表す。how long で始め,主語と「～する予定である」を意味する be going to ～の形を続ける。
(4)「(人)に～ということを伝える」は〈tell ＋人＋ that 節〉で表す。

3 (1) (a)「ケイトはヤマシタさんとその家族が田畑で働くのを手伝います」→第2段落3～4文目を参照。
(b)「ケイトはなぜヤマシタさんの田んぼにたくさんのオタマジャクシがいるのだろうかと思いました」→第3段落2～4文目を参照。
(2) (a)「ケイトは4月14日から日本に滞在しています」→1行目の Date と第1段落2文目を参照。
(b)「ケイトは毎日朝6時に起きます」→第2段落3～4文目を参照。
(c)「ヤマシタさんはオタマジャクシが昆虫を食べることで米を守ってくれるということを言いました」→第3段落6文目を参照。昆虫を食べるのはカエルになってからであり,オタマジャクシが昆虫を食べるわけではない。

4 (1)「いつ～か」は疑問詞 when を使った間接疑問で表す。
(2)「(人)に～ということを示す」は〈show ＋人＋ that 節〉で表す。8語で表すので,ここでは that は省略する。

全訳

3

日付：4月28日

エミリーへ,

調子はどう？　私が日本に来て2週間がたったけど,私はここでの生活を楽しんでいるわ。日本での私の生活を知りたいって言っていたわよね？　だからそれについて伝えるために手紙を書いているの。

私はヤマシタさんという日本人男性とその家族のところに滞在しているわ。彼らは農家をしていて,米や他の数種類の野菜を育てているの。彼らは毎朝6時に田畑で働き始めるの。私も彼らの仕事を手伝うためにその前に起きるのよ。彼らの田畑で働くのは私にはとても大変だけどおもしろいわ。

ところで,ヤマシタさんがおもしろいことを教えてくれたの。ここでの1日目に,彼と彼の田んぼで働いたの。そのとき,たくさんの小さなものが水の中で泳いでいたの。彼にそれらが何なのかとたずねたら,彼はそれらがオタマジャクシであると教えてくれたわ。私は「なぜそれらはここにいるの？」と思って,彼に理由を聞いたの。そうしたら,彼は私に,それらがカエルになったあとで,昆虫を食べることで米を守ってくれるということ,そしてそれらのおかげで米のために殺虫剤を使う必要がないことを教えてくれたわ。おもしろくない？

9～10のまとめ

定期テスト予想問題

本冊 P.50

❶ (1) what he likes (2) asked, why I thought
(3) when she would come

❷ (1) Do you remember when you met Tom(?)
(2) I don't know who will go to the party(.)
(3) Could you tell me how to use this machine(?)
(4) She asked me how many apples I wanted(.)

❸ (1) 例：出身の都市であるケロウナが滞在するべきすばらしい場所だということ。
(2) 例：know where it is
(3) (a)× (b)× (c)○ (d)○

❹ (1) 例：Do you know how the weather will be tomorrow?
(2) 例：Please tell me where you want to go in Kyoto.

解説

❶ (1)「彼は何が好きなのですか。私はそれを知りません」≒「私は彼が何を好きなのか知りません」
(2)「彼は私に『なぜそう思うのですか』と言いました」≒「彼は私になぜそう思うのかとたずねました」
(3)「私は姉[妹]に『いつ帰宅するのですか』とたずねました。しかし彼女は教えませんでした」≒「姉[妹]は私にいつ帰宅するのか私に言いませんでした」

❷ (1)「いつ～したか」は疑問詞 when を使った間接疑問**〈疑問詞＋主語＋動詞〉**で表す。
(2)「だれが～するのか」は疑問詞 who を使った間接疑問で表す。ここでは who が主語の役割を兼ねるので，間接疑問は**〈疑問詞＋助動詞＋動詞の原形〉**の形になる。
(3)「～の仕方」= how to ～
(4)「～をいくつ…か」は〈how many＋名詞の複数形〉を1つの疑問詞として使った間接疑問で表す。

❸ (1) キャシーの3つ目の発言3文目を参照。
(2) 直後にキャシーが「4階の音楽室の近くですよね」と言っていることから考える。
(3) (a)「キャシーは1週間日本に滞在しています」→キャシーの最初の発言2文目を参照。
(b)「キャシーは彼女の学校でケロウナが人気だと知ってうれしくなりました」→キャシーの3つ目の発言2～3文目を参照。
(c)「カズキはキャシーのクラスメートの1人です」→キャシーの3つ目の発言最終文と，それに対するカズキの発言を参照。クラスメートを相手に行われるキャシーのプレゼンテーションの話を聞いて，カズキは「楽しみだよ」と言っている。
(d)「カズキはキャシーに，どうすれば図書館のコンピューターを使えるか教えました」→カズキの最後の発言を参照。

❹ (1)「明日の天気がどうなるか」は「明日，天気がどうか」と考え，how を使った間接疑問で表す。
(2)「どこに～か」は疑問詞 where を使った間接疑問で表す。

全訳

❸ **カズキ**：やあ，キャシー。日本での生活はどう？
キャシー：とてもいいわ，カズキ。日本は5日目だけど，すでにあなたのような友達が何人かできたの。
カズキ：それを聞いてうれしいよ。今は何をしているの？
キャシー：次の金曜日の英語の授業でプレゼンテーションをする予定だから，そのために作業をしているの。
カズキ：なるほど。そのプレゼンテーションは何についてのものなの？
キャシー：カナダにある私の故郷，ケロウナについてよ。ここにいる多くの生徒たちがその都市について知らないとわかったの。そのことが悲しいから，プレゼンテーションを通して，そこが滞在すべきすばらしい場所だとクラスメートに伝えたいの。
カズキ：それはいいね。プレゼンテーションが楽しみだよ。
キャシー:ありがとう。コンピューターを使いたいの。コンピューター室にあるものを使えるかしら？
カズキ：いいや，そこのコンピューターは授業中でしか使えないんだ。だけど図書室にあるものは使えるよ。どこにあるか知ってる？
キャシー：ええと…，4階の音楽室の近くよね？
カズキ：そう。司書に生徒証を見せて声をかければ，そこでコンピューターが使えるよ。

11 現在分詞

STEP 2 基本問題 本冊 P.53

1 (1) eating (2) sitting (3) playing

2 (1) playing (2) sleeping (3) talking (4) making

3 (1) The girl running on the playground (is my classmate.)
(2) (I) found an interesting book(.)

解説

1 動詞を現在分詞にするとき，基本的には動詞の原形にingをつけるが，ただingをつけるだけではない。
(2) sitの現在分詞はsittingとなることに注意。

2 現在分詞1語のときは名詞の前に置き，現在分詞を含む修飾語句が2語以上の場合には名詞のあとに置く。

3 (1)「校庭を走っている女の子」は，the girl running on the playground。現在分詞を含む2語以上で名詞を修飾する場合は，〈名詞＋現在分詞＋語句〉の語順になる。
(2)「興味深い本」は，an interesting book。現在分詞1語のみで名詞を修飾する場合は，〈現在分詞＋名詞〉の語順になる。

STEP 3 得点アップ問題 本冊 P.54

1 (1) running (2) playing (3) reading (4) swimming

2 (1) That girl playing tennis is Erika(.)
(2) The man smiling in the picture is Tom(.)
(3) The girl sitting next to him is my friend Judy(.)
(4) The dog running after him is (very big.)

3 (1) 清水寺は世界遺産で，世界中からたくさんの観光客がそこを訪れます。
(2) (there were) many people taking pictures(.)
(3) **エ** (4) **イ**

4 The woman talking with[speaking to] Taro is my sister.

解説

1 (1)「向こうを走っている犬」は，a dog running over there。runの現在分詞はrunningとnを重ねることに注意する。
(2)「ソフトボールをしている少年たち」は，the boys playing softball。
(3)「読書をしているその女の子」は，the girl reading a book。
(4) **ミス注意!**
swimの現在分詞はswimmingとmを重ねることに注意する。「海で泳いでいる男の子」は，the boy swimming in the sea。

2 (1)～(4) すべて〈名詞＋現在分詞＋語句〉＋is＋補語〉の文になっている。
(1)「あのテニスをしている女の子」は，that girl playing tennis。
(2)「その写真の中でほほえんでいる男の人」は，the man smiling in the picture。
(3)「彼のとなりに座っている少女」は，the girl sitting next to him。「私の友達のジュディ」はmy friend Judyと表す。
(4)「彼を追いかけている犬」は，the dog running after him。run after ～「～を追いかける」。

3 (1) Itは直前の名詞を受けることが多い。Itの後ろにis a World Heritage siteと続くことから清水寺を指していると判断する。
(2) 与えられた語句にあるthere wereで「～がいた」。「写真を撮るたくさんの人」の部分を4語の英文で表さなければならない。「写真を撮っているたくさんの人」と考え，〈名詞＋現在分詞＋語句〉の形で表す。
(3) **ア**は「がっかりするような」，**イ**は「うんざりするような」，**ウ**は「回っている」。前文で清水寺のすばらしさについて話した，とあるので**ア**や**イ**は不適切。**エ**の「驚くべき」は良い意味で用いられるので，**エ**を選ぶ。
(4) **ア**「カオルは9月に修学旅行がありました」第1段落1文目の内容に不一致。**イ**「京都は歴史ある街で多くの観光客が訪れます」本文第2文でold cityとあり，また第2，第3段落で多くの人が観光に来ていることが書かれているので，本文の内容に一致。**ウ**「カオルは清水寺まで電車で行きました」電車ではなくバスで行った。**エ**「カオルは清水の舞台から美しい景色を見ることができませんでした」第3段落1文目の内容に不一致。

4 まず，The woman talking with Taro「タロウと話している女の人」というまとまりを作り，文の主語にする。そのあとに「私の姉です」の部分is my sisterを続ける。

全訳

3 私たちは10月に修学旅行で京都に行きました。京都はお寺が多くある古都です。
私たちはバスで清水寺を訪れました。清水寺は世界遺産で，世界中からたくさんの観光客がそこを訪れます。ご存知の通り，「清水の舞台から飛び降りる」ということわざは日本では有名です。
清水寺は山の上にあり，美しい景色を見ることができました。舞台からの景色が美しいことから，写真を撮るたくさんの人がいました。多くの人々が，清水寺は美しいと考えています。
私たちは清水寺のすばらしさについて話しました。それは本当に驚くべきところでした。

12 過去分詞

STEP 2 基本問題 本冊 P.57

1 (1) written (2) broken (3) excited (4) spoken

2 (1) (The dinner) cooked by my father (was delicious.)

(2) (I ate the fish) caught by him(.)

3 (1) made (2) playing (3) given

解説

1 (1)「彼によって書かれた物語」は the story written by him。write の過去分詞は written と不規則変化をすることに注意。
(2)「ジョンによって壊された窓」は the window broken by John。break の過去分詞は broken と不規則変化をすることに注意。
(3)「興奮した人々」は，excited people とする。excited は「興奮させられた」という受け身の意味を持つ。1語のみの修飾なので，分詞は名詞の前に置く。
(4) ミス注意!
speak の過去分詞は spoken と不規則に変化する。「その国で話されている言語」は the language spoken in the country。

2 (1)(2) 過去分詞2語以上で名詞を修飾するので，〈名詞＋過去分詞＋語句〉の語順。by ～で「～によって」の意味。the dinner cooked by my father を「私の父が作った夕食」，the fish caught by him「彼が捕まえた魚」のように by ～を「～が」と，過去分詞を能動的に訳すこともある。

3 (1)「フランスで作られたかばん」a bag made in France と表し，名詞の後ろに〈過去分詞＋語句〉を置く。文全体は「彼は私にフランスで作られたかばんを買ってくれました」の意味。
(2)「向こうでサッカーをしている男の子」the boy playing soccer over there と表す。文全体は「向こうでサッカーをしている男の子は，私の弟[兄]です」の意味。
(3)「彼女に与えられた箱の中には何が入っていたのですか」

STEP 3 得点アップ問題 本冊 P.58

1 (1) broken (2) designed (3) boiled (4) made

2 (1) The map shown by him is useful(.)

(2) The watch bought at that shop was broken(.)

(3) Two excited men are talking (loudly.)

(4) The ball thrown by Miho was (mine.)

3 (1) あなた(たち)は井伏鱒二によって書かれた『黒い雨』という本を今までに読んだことがありますか。

(2) (It is a book) read by many people (for a long time.)

(3) ウ

4 (1) Look at the wall(s) painted white. または Look at the wall(s) painted in white.

(2) He does not[doesn't] like boiled eggs.

解説

1 (1)「壊れた窓」は，the broken window と表す。過去分詞1語のみで名詞を修飾しているので，名詞の前に過去分詞を置く。
(2)「イタリアでデザインされたそのドレス」は the dress designed in Italy。過去分詞を含む2語以上で名詞を修飾しているので，名詞の後ろに過去分詞とその他の語句を置く。
(3)「ゆでた野菜」は boiled vegetables。
(4) made of ～で「～で作られた」。

2 (1)「彼が見せてくれた地図」は，the map shown by him と〈名詞＋過去分詞＋その他の語句〉の順に並べる。show の過去分詞は shown となることに注意する。
(2)「あの店で買った時計」は，the watch bought at that shop。過去分詞を含む2語以上で名詞を修飾するので，〈名詞＋過去分詞＋語句〉の語順になる。
(3) ミス注意!
現在分詞 exciting は「興奮する」で，過去分詞 excited は「興奮した」。exciting はエンターテインメントなど，ドキドキするようなものについて言う語。excited は興奮している状態を表し，主に人について言う場合に使う。
(4)「ミホによって投げられたボール」は，the ball thrown by Miho。過去分詞を含む2語以上で名詞を修飾しているので，〈名詞＋過去分詞＋語句〉のように名詞の後ろに語句を置く。throw の過去分詞は thrown。過去のことを述べている文なので，be 動詞は was を使う。

3 (1) ever があるので，現在完了「経験」用法の文。「今までに～したことがありますか」のように訳す。a book は，called "Kuroi Ame" に修飾され，その a book called "Kuroi Ame" は written by Ibuse Masuji の〈過去分詞＋語句〉に修飾されているので，まずは "Kuroi Ame" written by Ibuse Masuji の部分を訳し，次に a book called を続けて訳すとよい。
(2)「(長い間)たくさんの人々に読まれている(本)」の部分を過去分詞を使って表す。a book [read by many people (for a long time)] のように，a book のあとに2語以上の語句を置き，名詞 a book を過去分詞とその他の語句で修飾する形にする。
(3) 本文7～8行目に，「それ(＝『黒い雨』)は私が原爆の真実について，より多くを学ぶ手助けになる」とあるので，**ウ**。

4 (1)「白く塗られる」は painted white。in を用いて painted in white としてもよい。

全訳

3 あなたは今までに井伏鱒二によって書かれた『黒い雨』という本を読んだことがありますか。それは，広島に落とされた原子爆弾と，被爆者についての話です。
この話は，日本語だけでなく英語でも出版されました。英語版は『Black Rain』と呼ばれています。それは，長い間たくさんの人々に読まれている本です。
この本を読むといつも，私はとても悲しくなります。

しかし，この本は私に原子爆弾の真実についてより多くのことを学ばせてくれるのです。このような間違いを人々に繰り返してほしくありません。だから，私たちはこのような本を読むべきだと思います。

11〜12のまとめ

定期テスト予想問題

本冊 P.60

❶ (1) living (2) made (3) sold (4) sitting

❷ (1) I am going to buy a used car(.)
(2) Do you see the children running in the park(?)
(3) Who is that singing girl(?)
(4) My grandfather reads a newspaper written in English (.)

❸ (1) 例：Do you have the club activities on weekends[Saturdays](, too?)
(2) (a)例：There are about fifty (students).
(b)例：It was made thirty years ago.
(c)例：He is drinking water (by the gym).

❹ (1) 例：Who is the girl talking with your brother?
(2) 例：These are the pictures[photos] taken in Australia.

解説

❶ (1)「私にはオーストラリアに住んでいる友達がいます」とすれば意味が通るので，現在分詞 living にする。
(2)「彼は日本で作られたかばんを持っています」とすれば意味が通るので，過去分詞 made にする。
(3)「私はこの店で売られているクッキーが好きです」とすれば意味が通るので，過去分詞 sold にする。
(4)「木の下で座っているあのネコを見てください」とすれば意味が通るので，現在分詞 sitting にする。

ミス注意！

現在分詞と過去分詞の使い分け
「(名詞)が〜している」という関係であれば現在分詞を，「(名詞)が〜され(てい)る[された]」という関係であれば過去分詞を使う。

❷ (1)「中古車」は「使われた車」と考え，「使われた」という過去分詞で名詞「車」を修飾する形で表す。
(2)「公園で走っている子どもたち」は，「公園で走っている」という〈現在分詞＋語句〉で名詞「子どもたち」を修飾する形で表す。
(3)「歌っている少女」は，「歌っている」という現在分詞で名詞「少女」を修飾する形で表す。
(4)「英語で書かれた新聞」は，「英語で書かれた」という〈過去分詞＋語句〉で名詞「新聞」を修飾する形で表す。

ミス注意！

分詞の位置
現在分詞・過去分詞単独で名詞を修飾する場合は〈分詞＋名詞〉，現在分詞・過去分詞が語句をともなう場合は〈名詞＋分詞＋語句〉の語順になる。
「歌っている少女」
→ **a singing girl**
「舞台で歌っている少女」
→ a girl **singing on the stage**

❸ (1) 直後でシホが「いいえ。月曜日，水曜日，金曜日だけです」と言っているので，空所には Yes / No で答えられる，「時」についてたずねる疑問文が入るとわかる。また，シホの3つ目の発言とそれに対するエイミーの応答の内容を合わせて考えると，エイミーは「あなたたち[英語部]も週末[土曜日]に活動をするのですか」などとたずねたとわかる。
(2) (a)「バスケットボール部には何人の生徒がいますか」→シホの3つ目の発言2文目を参照。
(b)「英語部はいつ作られましたか」→シホの4つ目の発言1文目を参照。
(c)「ササキ先生は何をしていますか」→シホの最後の発言を参照。

❹ (1)「あなたのお兄さんと話している女の子」は，「あなたのお兄さんと話している」という〈現在分詞＋語句〉で名詞「女の子」を修飾する形で表す。日本文の内容から，特定の女の子を指していると言えるので，girl には the をつける。
(2)「オーストラリアで撮られた写真」は，「オーストラリアで撮られた」という〈過去分詞＋語句〉で名詞「写真」を修飾する形で表す。

全訳

❸ **シホ**：こんにちは，エイミー。ここで何をしているの？
エイミー：こんにちは，シホ。部に入ることについて考えているんだけど，1つを選べないの。
シホ：どの部に興味があるの？
エイミー：バスケットボール部と英語部よ。それらについて知ってる？
シホ：ええ。バスケットボール部には約50人の部員がいるわ。彼らは月曜日から木曜日までと，時々土曜日にも練習をしているの。
エイミー：あら，本当？ 週末はすることがたくさんあるから，その部には入れないわね。英語部はどう？
シホ：それは30年前に作られた古い部なんだけど，今でもとても人気なの。私はその部の一員なの。私たちはゲームをしたり，外国について学んだり，たくさんの種類の活動をしているの。
エイミー：あなたたちも週末に[土曜日に] 活動をするの？
シホ：いいえ。月曜日，水曜日，金曜日だけよ。
エイミー：それはいいわね。それに入りたいわ。
シホ：じゃあ，英語のササキ先生に話すべきだわ。
エイミー：ササキ先生？ 私は会ったことがないわ。
シホ：見て。体育館のそばで水を飲んでいる男の人がいるの。彼が見えるでしょ？ 彼がササキ先生よ。
エイミー：わかった。ありがとう，シホ。彼に話すわ。

13 関係代名詞① ―主格の who / that―

STEP 2 基本問題

本冊 P.63

1 (1) wants (2) were (3) is

2 (1) who[that] is sitting

(2) who[that] is driving

(3) who[that] is respected

(4) who[that] is loved

解説

1 (1) 先行詞となるのは The girl で，時制は現在なので，関係代名詞が作る節の中の動詞は３人称単数現在形 wants。

(2) ミス注意！
関係代名詞に続く動詞は，先行詞の人称や数に対応する。先行詞は students と複数であることに注意。過去進行形なので were singing となる。

(3) 先行詞 a friend は３人称単数なので関係代名詞に続く動詞は is。

2 (1)〈名詞＋現在分詞＋その他の語句〉は，〈先行詞＋関係代名詞が作る節〉の形に書きかえることができる。The girl who is sitting on ～で「～に座っている少女」の意味。
(2)「あの車を運転している人」を，the person who is driving that car と表し，who 以下が the person を修飾する形にする。
(3) 関係代名詞に続けて〈be 動詞＋過去分詞〉の形とする。a person who is respected で「尊敬される人物」。
(4) the girl を先行詞とした関係代名詞と受け身を使った文にする。the girl who is loved by Tom で「トムに愛されている女の子」になる。

STEP 3 得点アップ問題

本冊 P.64

1 (1) (Yutaka likes) girls who are funny(.)

(2) (Have you ever seen) a person who can fly(?)

(3) (Mr. Yamamoto is known as) a teacher who gives us (a lot of homework.)

2 (1) who[that] was standing

(2) who[that] lives

(3) who[that] is

(4) who[that] forgot, is

3 (1) Do you have any friends who speak Chinese(?)

(2) She likes making friends who are[come] from other countries.

(3) She stayed in China[there] for two years.

4 例：I have a friend who lives in America. Her name is Mary. She is a junior high school student.

解説

1 (1) 主格の who を使った関係代名詞の節は，〈…（先行詞）＋ who ＋動詞〉。who のあとに be 動詞を置く。
(2) 先行詞を a person「人」とし，先行詞を修飾する関係代名詞の節を続ける。助動詞 can は動詞 fly の前に置く。
(3) 日本文の「宿題をたくさん出す先生」を，teacher を先行詞にした関係代名詞の文で表す。give us a lot of homework で「(私たちに)たくさんの宿題を出す」。be known as ～で「～として知られている」。

2 (1) the man を先行詞にした関係代名詞の文にする。talked と同じ時制（過去）になる点に気をつける。the man who was standing by the door で「ドアのそばに立っていた男の人」。
(2) a person「人」を先行詞とする主格の関係代名詞 who を入れる。先行詞が３人称単数で時制は現在なので，関係代名詞が作る節の中の動詞も３人称単数現在形の lives を使う。a person who lives next to my house で「私の家の隣に住んでいる人」。
(3) 関係代名詞 who に続けて現在進行形の節を作る。is holding a cat in her arms で「腕にネコを抱いている」。
(4)「財布を忘れた（人）」は過去形で表し，the person who forgot the wallet となる。「～は，ハルカだ」は，現在形なので is Haruka とする。

3 (1) any friends「友達」を先行詞とする主格の関係代名詞 who の節を作る。「中国語を話す友達」は，any friends who speak Chinese。any ～は「何人かの，どれかの～」の意味。肯定文では some を使うが，否定文や疑問文では原則 any を使う。
(2)「他の国出身の友達」は friends who are[come] from other countries。friends を先行詞とする主格の関係代名詞 who を使って節をまとめる。like ～ing「～することが好き」，〈be 動詞＋ from ～〉「～出身」。作文する際には，問題文の日本語から「彼女は友達を作ることが好きです」と文の全体の構造をつかんで She likes making friends. をまず作り，次に関係代名詞 who を使った修飾語句を考えるとよい。
(3) 問いの意味は「ユカはどれくらい（の間）中国に滞在しましたか」本文７行目に She stayed in China for two years とあるので，この部分を参照すればよい。

4「～な友達がいる」I have a friend who ～のように書き出すと友達についての説明が始めやすい。その後ろに，その友達についての説明を細かく加える。友達が住んでいる場所や好きなことなどを書くとよい。

全訳

3 シオリ：中国語を話す友達はいる？
アンディー：どうして？
シオリ：ある中国人の家族が私の家の隣に引っ越して来たの。その家の娘は日本語を少し話すわ。彼女は，目の不自由な彼女のお母さんがいると私に言ったの。彼女は日本語をまったく話さないの。私は中国語を話さないのだけど，彼女たちのために何かしたいと思っているの。
アンディー：なるほど…。ユカさんを知ってる？　彼女は小学生のときに２年間中国に滞在していたよ。彼女にこの家族のお手伝いをしてくれるように頼めると思う。
シオリ：本当？　ユカさんを私に紹介してくれる？ユカさんって，エミといつも一緒にいる女の子？
アンディー：そうだよ。ユカさんなら，きっと「いいよ」って言ってくれるよ。彼女は他の国出身の友達を作るのが好きなんだ。

14 関係代名詞② ー主格の which / that ー

STEP 2 基本問題 本冊 P.67

1 (1) which　(2) which　(3) was

2 (1) which[that] are playing
(2) school which[that] was[is]

3 (1) (Is that) the cat which lives (with Yuka?)
(2) The bicycle which has big handlebars is (not sold at this shop.)

解説

1 (1) 先行詞の the song は「人以外」なので，関係代名詞は which を選ぶ。
(2) 先行詞は a dog。先行詞が動物のとき，関係代名詞は which を使う。
(3) ミス注意!
「３年前に建てられた」は過去のできごとを表すので，動詞は過去形 was を使う。

2 (1)「ソファの上で遊んでいるネコたち」は，The cats which[that] are playing on the sofa と表す。The cats を先行詞として，主格の関係代名詞 which[that]を使って The cats を修飾する。
(2)「長い歴史で有名な学校」は，a school which[that] was famous for its long history とする。a school を先行詞とし，主格の関係代名詞 which[that]を使って先行詞 a school を修飾する。be famous for ～「～で有名だ」。

3 (1)「ユカと一緒に住んでいるネコ」は the cat which lives with Yuka。the cat を先行詞として，主格の関係代名詞 which が作る節が the cat を修飾する。このまとまりが，文全体では主語になる。live with ～「～と一緒に住む」の意味。
(2)「大きなハンドルがあるその自転車」は，the bicycle which has big handlebars。the bicycle を先行詞として，主格の関係代名詞 which が作る節が the bicycle を修飾し，文全体では主語になる。be sold at ～「～で売っている」。

STEP 3 得点アップ問題 本冊 P.68

1 (1) (The wallet) which is used by him (is old.)
(2) (Yuji helped) the cat which fell into the river(.)
(3) This video game which is popular among kids (is sold out now.)
(4) (I know) the library which was built near the station(.)
(5) (Everyone) is interested in the animal which moves (slowly.)

2 (1) which[that]
(2) which[that]

3 (1) I want a dog which has big eyes.
(2) My younger brother wants a comic that is

popular among his friends(.)

(3) 例：She wants a big black bag (that[which] is) made of leather.

4 (1) Students like the textbook which (has a lot of pictures.)

(2) (Have you ever been to a place) which has a beautiful garden(?)

解説

1 (2)「川に落ちたネコ」は，the cat which fell into the river。the cat を先行詞として，主格の関係代名詞 which を使って the cat を修飾する。fall into ～「～に落ちて入る(落ちる)」。
(3)「子どもに人気のこのテレビゲーム」は，this video game which is popular among kids。This video game を先行詞として，主格の関係代名詞 which で This video game を修飾するこの部分が文の主語になる。be popular among ～「～の間で人気がある」。
(4)「駅の近くに建てられた図書館」は the library which was built near the station。the library を先行詞として，その後ろに library について説明する主格の関係代名詞 which が作る節を続ける。be built「建てられる」, near the station「駅の近くに」。
(5) be interested in ～ で「～に興味がある」。Everyone は 3 人称単数扱いなので be 動詞は is を置く。the animal を先行詞として，主格の関係代名詞 which が作る節を続ける。

2 (1) the dog waiting for someone は，「だれかを待っている犬」。同じ意味を関係代名詞を使って表すと，the dog which[that] is waiting for someone。
(2) もとの文の，the book given to me by Ryota は，「リョウタによって私に与えられた本」という意味。同じ意味を関係代名詞を使って表すには，先行詞を the book とする主格の関係代名詞 which[that] を続け，そのあとに受け身の形〈be 動詞＋過去分詞 ～〉にすればよい。

3 (1)「大きな目をした犬」は，a dog which has big eyes。a dog を先行詞として，主格の関係代名詞 which が作る節で a dog を修飾する。これを I want「私は～が欲しい」のあとに続ける。
(2)「彼の友達の間で人気がある 1 冊のマンガ」は，a comic that is popular among his friends。a comic を先行詞として，主格の関係代名詞 that が作る節で a comic を修飾する。この部分を My younger brother wants のあとに続けて，wants の目的語にする。be popular among ～「～の間で人気がある」。
(3) 問いの英文の意味は，「サリーは母親のために何を欲しがっていますか」この答えは，本文 6 ～ 8 行目の「図書館へ持って行くための大きな黒い革製のかばんが欲しい」と書かれている箇所を参照。「彼女は革製の大きな黒いかばんを欲しがっている」のように簡潔にまとめて書くとよい。

4 (1) 関係代名詞を使って「写真がたくさんのっているその教科書」を表すには the textbook を先行詞とし，which has a lot of pictures を続ける。
(2)「美しい庭園がある場所」は「美しい庭園を持っている場所」と考え，a place which has a beautiful garden とする。a place を先行詞として，主格の関係代名詞 which が作る節で a place を修飾する。Have you ever been to ～？は「今までに～に行ったことがありますか」の意味。

全訳

3 親愛なるサンタさん，
　私の名前はサリーです。10 歳の女の子です。お母さんは私に，サンタさんへ手紙を書くように言いました。
　クリスマスプレゼントのお願いをしたいのです。お願いしてもいいですか。
　私は大きな目をした犬が欲しいです。私の弟は，友達の間で人気がある 1 冊のマンガを欲しがっています。「図書館へ持って行く大きな黒いかばんが欲しい」と，先日，お母さんが言っていました。だから，お母さんのために，革製の大きな黒いかばんが欲しいです。そして，お父さんのために，新しい靴をお願いします。お父さんの靴が古くなってしまったからです。
　サンタさまをお待ちしています。

心をこめて
サリー

15 関係代名詞③ ―目的格の which / that―

STEP 2 基本問題

本冊 P.71

1 (1) that　(2) that
(3) which[that]　(4) that

2 (1) which[that]　(2) which[that], collected
(3) which[that]　(4) which[that]

解説

1 (1)「私が初めて撮った写真」は，the first picture that I took。先行詞に the first, the last などがついているときは関係代名詞はふつう that を使う。
(2)「彼がそのお金を渡した女性」は，the woman that he gave the money。目的格の関係代名詞で先行詞が人のときは，関係代名詞はふつう that を使う。
(3)「彼女が作った夕食」は，the dinner which [that] she cooked。先行詞が人以外のとき，目的格の関係代名詞は which, that ともに使うことができる。
(4) 文の主語となるまとまりを「その少年があなたに言ったすべてのこと」と考え，everything that the boy told you と表す。everything や anything が先行詞のときは，関係代名詞はふつう that を使う。

2 (1)「有名なミュージシャンがかつて使ったギター」は，目的格の関係代名詞 which または that を使って，a guitar which[that] a famous musician once used と表す。
(2)「おじが集めたたくさんのコイン」は a lot of coins which[that] his uncle collected と表す。which[that] は目的格の関係代名詞。

(3)「彼が残したメッセージ」は，a message を先行詞として目的格の関係代名詞 which[that]を使って，a message which[that] he left と表す。leave a message で「メッセージを残す」。
(4)「私が昨日訪れた図書館」は，the library を先行詞として目的格の関係代名詞 which[that]を使って，the library which[that] I visited yesterday と表す。

STEP 3 得点アップ問題

本冊 P.72

1 (1) The car which she was washing is (her father's.)
(2) (This) is all the money that I have (now.)
(3) This is a bag that my mother made me(.)
(4) The writer that you like is my uncle(.)

2 (1) that (2) that
(3) which[that] (4) which[that]

3 (1) ア
(2) This is a jacket that my father bought(.)
(3) 彼の作ったピザはとてもおいしかったです。
(4) マッジオさんが作ったピザを食べること。

4 例：This is the only bag that I have.

解説

1 (1)「彼女が洗っていたその車」は，the car を先行詞として，目的格の関係代名詞 which が作る節をつなげて the car which she was washing とする。この部分を文の主語にして，is her father's と続ける。
(2)「私が今持っているお金」は the money を先行詞として，目的格の関係代名詞 that を使って the money that I have now とする。all は the money の前に置く。
(3)「私の母が(私に)作ってくれたかばん」は，a bag を先行詞として，目的格の関係代名詞 that を使って a bag that my mother made me と表す。この部分を文の補語と考え，This is のあとに続ける。
(4)「あなたが好きなその作家」は，the writer を先行詞として，目的格の関係代名詞を使って the writer that you like と表す。この部分を主語となるまとまりと考え，後ろに is my uncle を続ける。

2 (1) 1文目の the lady を先行詞とし，2文目の her を目的格の関係代名詞 that に置きかえて，2つの文をつなげる。the lady that he wanted to meet で「彼が会いたがっていた女性」。
(2) 1文目の the girls を先行詞とし，2文目の them を目的格の関係代名詞 that に置きかえて，2つの文をつなげる。the girls that you spoke to で「あなたが話しかけた少女たち」。
(3) 1文目の my problem を先行詞とし，2文目の it を目的格の関係代名詞に置きかえて，2つの文をつなげる。my problem which[that] I can't tell to my parents で「両親に話すことのできない私の問題」。
(4) 2文目は「私はそれ(メッセージ)に気づかなかった」の意味で，このメッセージについて1文目が説明している。したがって，2文目の it を，the message と入れかえて，その後ろに目的格の関係代名詞 which[that]を置き，1文目を関係代名詞の節にして説明を加える。the message which[that] she left on the table「彼女がテーブルの上に残したメッセージ」。

3 (1) The jacket が先行詞，you are wearing が関係代名詞の作る節と考えて，アの位置に that を入れる。The jacket that you are wearing が主語のはたらきをする節となる。
(2)「ぼくの父親が買ったジャケット」は，a jacket that my father bought。a jacket を先行詞として，目的格の関係代名詞 that が作る節で a jacket を修飾する。この部分を補語にして，This is のあとに続ける。
(3) The pizza that he made で「彼が作ったピザ」。The pizza が先行詞で，目的格の関係代名詞 that が作る節が The pizza を修飾している。この部分が主語になって，was delicious「とてもおいしかった」が続き，「彼が作ったピザはとてもおいしかった」という意味になる。

4 まず，「これはただ1つのかばんだ」This is the only bag を組み立てる。次に「私が持っている」を，目的格の関係代名詞 that が作る節(that I have)として only bag を後ろから修飾するようにする。

全訳

3 シホ：あなたが着ているジャケット，とてもいいわね。どこで買ったの？
イアン：ありがとう。これはぼくの父が買ったジャケットだよ。父はもう着ないから，ぼくにくれたんだ。
シホ：あら本当？ 新品みたいに見えるわ。ところで，日曜日はあいてる？
イアン：たぶん。なんで？
シホ：マッジオさんを知ってる？ 駅の近くに新しいレストランを開いたイタリア料理のシェフよ。私の友達のエリカがもう行ってきたわ。「マッジオさんの作ったピザはとてもおいしかった。こんなにおいしいピザはこれまで食べたことない」ってエリカが言っていたの。だから，一緒にそのピザを食べてみたいの。
イアン：いいね！

16 関係代名詞④ ― 関係代名詞の省略 ―

STEP 2 基本問題 本冊 P.75

1 ア，オ，キ

2 (1) This is a bag my grandmother made(.)
(2) The pictures my brother took were beautiful(.)

3 (1) about which (2) at[in] which

解説

1 **ミス注意!**
目的格の関係代名詞は省略することができるが，主格の関係代名詞は省略することができない。
ア～キの中で，目的格の関係代名詞が使われているのは，**ア**「私が昨日の夕方に見た空は赤かったです」，**オ**「ロッククライミングは私が試すことのできることです」，**キ**「私がその店で買ったコーヒーは熱すぎました」の3つである。**イ**「多くの人に愛されているそのネコはミヤです」，**ウ**「駅で本を読んでいた男に私は話しかけました」，**エ**「山頂から見える湖は美しいです」，**カ**「英語を勉強するのが好きな何人かの生徒は数学は好きではないです」は主格の関係代名詞が使われている。

2 語群に関係代名詞になる語がないので，「…が～する（名詞）」は，関係代名詞を省略して**〈名詞＋主語＋動詞〉**で表す。

3 〈前置詞＋関係代名詞〉の語順を問う問題である。
(1)「トムが昨日話していた映画」は the movie (which) Tom talked about か the movie about which Tom talked yesterday。the movie which ～とすると空欄と合わないので，前置詞 about を the movie のあとに置く。
(2)「私たちが出会った場所」は，the place (which) we met at[in]または the place at[in] which we met となる。
前置詞 at[in]は関係代名詞の作る節の最後に置くか，which の前に置くことができる。本問では関係代名詞が作る節 we met の部分に at[in]がないので，関係代名詞 which の前に at[in]を置く。

STEP 3 得点アップ問題 本冊 P.76

1 (1) This is a video game I bought(.)
(2) She didn't bring the CD I gave (her.)
(3) The dictionary I have is heavy(.)

2 (1) I got a score I can use to apply to this school.
(2) The zoo to which she took me first was closed last year.
(3) I visited a hotel in which a famous writer once lived.
(4) The country he left for was Canada.

3 (1) It was very hard to choose a song which all the members wanted to sing.
(2) ("My memory") was the song which all the members agreed with(.)
または，("My memory") was the song with which all the members agreed(.)
(3) that
(4) (a)例：She told them to take part in the chorus contest.
(b)例：Because there were a lot of groups which sang very nicely.

4 You have everything I want.

解説

1 (1)「私が買ったテレビゲーム」は，a video game (which) I bought。which は目的格の関係代名詞なので省略されている。これを文の補語にして，This is に続ける。
(2)「私が彼女にあげたＣＤ」は，the CD (which) I gave her。目的格の関係代名詞 which が省略された形。
(3)「私が持っている辞書」は，the dictionary (which) I have。目的格の関係代名詞 which が省略されている。

2 (1) which は目的格の関係代名詞なので省略できる。which を取るとちょうど 12 語になる。
(2)〈take＋人＋to＋(場所)〉で「人を(場所)に連れていく」。この「場所」を先行詞にして前置詞が関係代名詞の前に出る〈to＋which〉の形を使う。したがって，本問の「彼女が初めて私を連れて行った動物園」は，the zoo to which she took me first となる。
(4) The country for which he left は「彼が向かった国」という意味。〈前置詞＋関係代名詞＋主語＋動詞〉の語順のときには関係代名詞は省略できないが，〈関係代名詞＋主語＋動詞＋前置詞〉の形のときには省略することができる。したがって，The country he left for was Canada の語順にする。

3 (1) 目的格の関係代名詞は省略できるので，〈先行詞＋関係代名詞＋主語＋動詞〉という形が〈先行詞＋主語＋動詞〉となり，先行詞と主語が続く形になる。本問では，a song と all the members の間に関係代名詞の省略がないかを考える。a song which all the members wanted to sing と which を入れてみると，a song が先行詞，which が目的格の関係代名詞となり「すべてのメンバーが歌いたいと思っている歌」と訳せる。したがって，a song と all the members の間に which を入れる。
(2)「部員全員が賛成した歌」は，the song which all the members agreed with。the song を先行詞として，目的格の関係代名詞 which が作る節で the song を修飾する。with を関係代名詞 which の前に置いて with which の語順にしてもよい。agree with ～「～に賛成する」。
(3) 代名詞 Everyone のあとに代名詞 we があり，その後ろに could see と動詞が続いていることから，〈先行詞＋主語＋動詞〉という目的格の関係代名詞を省略した形と考える。everyone や anyone などが先行詞のときは関係代名詞 that を使うことから，本問の空所には that を入れる。Everyone that we could see from the stage は，Everyone を先行詞として，目的格の関係代名詞 that が作る節で「私たちが舞台から見ることができるすべての人」という意味。この部分が文の主語になり，後ろにapplauded us「私たちに拍手した」と動詞，目的語が続いている。
(4) (a)の問いは，「岡田先生はユカが所属する合唱部の部員たちに何を言いましたか」本文1～2行目より，答えは，「合唱コンテストに参加するように言った」となる。
(b)の問いは，「コンテストの日，なぜユカは緊張したのですか」答えは，本文6～7行目，「とても上手に歌っているグループがたくさんあった」の部分をBecauseで書き出してまとめる。

4 「何もかも」はeverythingで表す。5語で答えるので関係代名詞は省略する。

全訳

3 私は合唱部の部員です。岡田先生は，私たちに合唱コンテストに参加するように言いました。メンバー全員が歌いたい曲を選ぶのはとても難しかったです。長く時間がかかりました。ようやく，私たちは『マイメモリー』を歌うことに決めました。

『マイメモリー』は，部員全員が賛成した歌でした。私たちはとても熱心に練習しました。

コンテストの日，とても上手に歌っているグループがたくさんあったので，私たちは緊張しました。自信はありませんでしたが，私たちは皆全力を尽くしました。大きな拍手をもらったとき，私たちは誇らしくなりました。舞台から見えるすべての人々が私たちに拍手を送ってくれました。とてもすてきな時間でした。

13～16のまとめ

定期テスト予想問題

本冊 P.78

1 (1) which[that] are[were]
(2) who[that] is

2 (1) I can't read the sign which[that] is written in Chinese.
(2) The cap which[that] was blown off by a strong wind was bought by my mother. または，The cap which[that] was bought by my mother was blown off by a strong wind.

3 (1) 数学は[が]私が好きな科目です。
(2) 青いインクで書かれた手紙は，マークからのものです。

4 イ，I met an Italian boy who[that] spoke Japanese well.

5 (1) ① No ② Yes ③ Yes
(2) ウ

解 説

1 (1) books written in Englishは，〈過去分詞＋その他の語句〉でbooksを修飾している形で，「英語で書かれた本」という意味。同じ意味をbooksを先行詞として，主格の関係代名詞which[that]を使って，books which[that] are[were] written in Englishと表せる。この部分が文の目的語となり，Do you readのあとに続いている。文全体の意味は，「英語で書かれた本を読みますか」
(2) The girl listening to the radioは，〈現在分詞＋その他の語句〉でThe girlを修飾している形で，「ラジオを聴いている女の子」という意味。同じ意味をThe girlを先行詞として，主格の関係代名詞who[that]を使ってThe girl who[that] is listening to the radioと表せる。この部分が文の主語となり，後ろにis my friendと続く。文全体の意味は「ラジオを聴いている女の子は，私の友達です」

2 (1) 1文目のthe signを先行詞にして，2文目のItを関係代名詞which[that]にかえて1つの文にする。
(2) 1文目のThe capを先行詞にして，2文目のItを関係代名詞which[that]にかえて1つの文にする。

3 (1) the subject which I likeで「私が好きな科目」。the subjectを先行詞として，目的格の関係代名詞whichが作る節がthe subjectを修飾している。この部分が文全体では補語のはたらきをしているので，最初にMath is「数学は[が]」を訳し，その後ろにthe subject以下の訳をつなげる。
(2) The letter which was written in blue inkで「青いインクで書かれた手紙」。The letterを先行詞として，主格の関係代名詞whichが作る節がThe letterを修飾している。この部分が文全体では主語のはたらきをしているので最初に訳し，続いてis from Mark「マークからのものです」と訳をつなげる。

4 イのI met an Italian boy spoke ～の文のつながりでは主格の関係代名詞が必要。主格の関係代名詞は省略できない。正しい文は，I met an Italian boy who[that] spoke Japanese well.「私は日本語を上手に話すイタリア人の男の子に出会った」という意味。
アは，a countryを先行詞として，その後ろに目的格の関係代名詞which[that]の省略があり，(which[that]) she has never visitedの節がa countryを修飾している。この部分が文全体では補語のはたらきをして，America isのあとに続いている。「アメリカは彼女が1度も訪れたことのない国です」という意味。
ウは，the manを先行詞として，その後ろに目的格の関係代名詞thatの省略があり，that I saw yesterdayの節がthe manを修飾している。この部分が文全体では補語のはたらきをして，Mr. Ikeda isのあとに続いている。「イケダさんは私が昨日会った男性です」という意味。
エは，The sweaterを先行詞として，その後ろに目的格の関係代名詞which[that]の省略があり，which[that] he boughtの節がThe sweaterを修飾している。この部分が文全体では主語のはたらきをして，あとにis blackが続いている。「彼が昨日買ったセーターは黒いです」という意味。

5 (1) ①～③の空欄を含む本文9～12行目は，図表2の内容を説明している。9～11行目の文は，「2003年に「①」と答えた若者の割合は「②」と答えた若者の割合より高かった」という意味。図表2の2003年の帯グラフを見ると，No「いいえ」のほうがYes「はい」よりも割合が高いことから，①は No「いいえ」，②は Yes「はい」を入れる。
本文 12 行目の文は，「2007 年では，若者の過半数が「③」と答えた」という意味。図表 2 の 2007 年の帯グラフを見ると，Yes「はい」の割合が 56.1％と過半数を占めているので③には Yes「はい」を入れる。
(2) 本文最終行の文は，「これら 2 つの表を見ると，2 つの年度それぞれにおいて，「④」であることがわかります」という意味。**ウ**の選択肢は，「ボランティア活動に興味がある若者の割合が，ボランティア活動をしている若者の割合よりも高かった」という意味であり④に入る。
なお，選択肢**ア**の意味は，「ボランティア活動をしている若者の割合は，ボランティア活動に興味がある若者の割合より高かった」。これは図表と逆の意味となり不正解。
選択肢**イ**の意味は，「ボランティア活動に興味がある若者の割合は，ボランティア活動をしている若者の割合と同じだった」。ボランティア活動に興味がある若者の割合の方が高い。
選択肢**エ**の意味は，「ボランティア活動をしている若者の割合は，ボランティア活動に興味がある若者の割合の半分よりも多かった」。図表では，「ボランティア活動に興味がある若者の割合の半分」のほうがボランティア活動をしている若者の割合より高いため不正解。

全訳

5 何人くらいの人々がボランティア活動に参加しているのでしょう。みなさんに 2 つの図表をお見せしましょう。18 歳～24 歳の日本の若者がボランティア活動についての質問に答えました。2 つの図表はその結果を示しています。

まず，図表 1 をごらんください。2003 年と 2007 年のボランティア活動をしている若者の割合は，それほど高くはなかったですが，2007 年の割合の方が高くなっていました。また，「ボランティアをしたことがあるが，今はやっていない」と答えた若者の割合も増えていることがわかります。

図表 2 をごらんください。「ボランティア活動に興味がありますか」という質問に対する若者の回答です。おわかりのように 2003 年に「いいえ」と答えた若者の割合は「はい」と答えた若者の割合より高いことがわかります。しかし，これらの 2 つの割合の差はそれほど大きくはありません。2007 年には，半分以上の若者が「はい」と答えていました。ボランティア活動に興味がある若者の割合は増加しました。

これらの 2 つの図表を見れば，2 つの年度それぞれの年でボランティア活動に興味がある若者の割合は，ボランティア活動をしている若者の割合よりも高かったことがわかります。

17 後置修飾のまとめ

本冊 P.80

① that boy with a dog ② a lot of things to do
③ a boy playing the guitar
④ a book written in English
⑤ who[that] ⑥ that[who]
⑦ that
⑧ which[that] ⑨ that[which]
⑩ the man who painted the picture
⑪ The bag which she bought
⑫ the notebooks that my sister gave me
⑬ the cakes our mother makes

18 会話表現

STEP 2 基本問題

本冊 P.83

1 (1) May (2) Could (3) May (4) Would
2 (1) Hold on (2) Shall I
3 (1) What color (2) how to, Take (3) How often
4 (1) How long does it take to get (to the station?)
(2) Would you like something to drink(?)

解説

1 (1) May I help you? で「いらっしゃいませ／お手伝いしましょうか」という意味。
(2) Could you ～? は相手に丁寧に依頼する表現。「～してくださいますか」という意味。
(3) May I speak to ～? は，電話で「～さんをお願いしたいのですが」と自分の意向を伝える表現。
(4) Would you like ～? は「～はいかがですか」と相手に何かをすすめる表現。

2 (1)「(電話で)少々お待ちください」という意味の英文を完成させる。空所が 2 つなので，Hold on を入れる。
(2)「箱を運ぶのを手伝いましょうか」という意味の英文を完成させる。「～しましょうか」と申し出るときは Shall I ～? の文を使う。

3 (1)「何色をお探しですか」－「青色です」
(2)「アオバ駅までの行き方を教えていただけますか」－「チュウオウ線に乗って 3 つ目の駅で降りてください」
(3)「その電車はどのくらいひんぱんに来ますか。」－「10 分ごとです」

4 (1) How long does it take to ～? で「～するのにどれくらい(時間が)かかりますか」という意味。to のあとに get (to the station)「(その駅)に着く」を続ける。
(2) Would you like ～? は「～はいかがですか」と相手にものをすすめる表現。そのあとに something to drink「何か飲み物」を続ける。

STEP 3 得点アップ問題

本冊 P.84

1 (1) エ　(2) ウ　(3) イ　(4) ア

2 (1) Would you like another (piece of cake?)

(2) ア

3 (1) How long does it take (to get to the museum?)

(2) Shall I take you to (the post office?)

4 (1) (どのバスがアサヒ駅に行くか)教えていただけますか。

(2) how to　(3) オ　(4) twenty-five minutes

解説

1 (1) How long does it take to ～？で「～するのにどのくらい時間がかかりますか」という意味。「5分ぐらいです」と答えている**エ**が当てはまる。
(2) May I speak to ～, please? は「～さんをお願いしたいのですが」という意味で，電話で話したい相手を呼び出すときに使う表現。「少々お待ちください」と答えている**ウ**が当てはまる。
(3) How often ～？で「どのぐらいひんぱんに～？」という意味。バスが来る回数をたずねているので，「～分ごとです」を表す every ～ minutes を使って答えている**イ**が当てはまる。
(4) Could you tell me how to get to ～？で「～までの行き方を教えていただけますか」という意味。「次の駅で電車を乗りかえてください」と説明している**ア**が当てはまる。

2 (1) Would you like ～？で「～はいかがですか」という意味になる。そのあとに「もう1つの」を表す another を続ける。
(2) What would you like to ～？で「何を～したいですか」という意味。ここでは「飲み物」についてたずねられている。空欄のあとの発言で Here you are.「はい，どうぞ」と物を渡すときの表現があるので，**イ**の「結構です」は当てはまらない。**ウ**は買い物のときに使う表現。

3 (1)「どれくらい～」と所要時間をたずねているので How long ～？とする。補う語は long。疑問詞を使った疑問文なので How long のあとに続ける語順を it does ～としないこと。
(2)「～しましょうか」と申し出ているので Shall I ～？とする。補う語は Shall。「(人)を～に連れて行く」は〈take + 人 + to ～〉で表す。

4 (1) 丁寧にものをたずねる表現の〈Could you tell me + 疑問詞～？〉の文。which bus goes to ～で「どのバスが～へ行くか」。
(2) 直後で駅員がアオバ駅までの行き方を説明しているので，「アオバ駅までの行き方を教えていただけますか」という文にする。「～までの行き方」は how to get to ～。
(3) 駅員の発言を参照。モミジ駅という，アサヒ駅から2番目の駅まで行き，そこでヒカリ線に電車を乗りかえ，その次の駅で降りるとアオバ駅に着く。
(4)「アサヒ駅からグリーン先生の家に着くのに25分かかりました」→最終段落を参照。

全訳

4 　グリーン先生はカナダ出身の私の英語教師です。彼女は桜町に住んでいます。今日，私は友達のミカさんと一緒にはじめてグリーン先生の家に行きました。まず，私たちはアサヒ駅に行かなければなりませんでした。バスで行きたかったので，おばあさんにたずねました。

エミ：すみません。どのバスがアサヒ駅に行くか教えていただけますか。

おばあさん：いいですよ。2番のバスに乗るといいですよ。

　バスに乗ってから，私たちはグリーン先生の家について話しました。私たちは地図を持っていたので，かんたんにそこに着けると思っていました。しかし，私たちはアサヒ駅からアオバ駅という，グリーン先生の家に最も近い駅にどう行けばよいのかを忘れてしまいました。私たちは駅で駅員を見つけたので，ミカが彼にたずねました。

ミカ：すみません。アオバ駅までの行き方を教えていただけますか。

駅員：いいですよ。ここで電車に乗って，モミジ駅という，ここから2つ目の駅まで行ってください。モミジ駅で，ヒカリ線に電車を乗りかえてください。そして，その次の駅で降りてください。そこがアオバ駅です。

　私たちはアオバ駅に20分で着きました。その後，駅を出てグリーン先生の家に歩いて行きました。5分しか歩く必要がありませんでした。ようやく，その家に到着しました。

19 仮定法① ― wish の文 ―

STEP 1 要点チェック　本冊 P.86

① would　② could

STEP 2 基本問題　本冊 P.87

1 (1) wish　(2) were　(3) could sing

2 (1) wish I knew　(2) wish I were a doctor
(3) wish I could play

3 (1) I wish I didn't[did not] have this homework.
(2) I wish he would make[cook] dinner for me.

解説

1 (1) 現実とは違うことや，実現が(ほぼ)不可能なことについての願望を表すときは，**wish** を使う。
(2) 仮定法の文の〈動詞の過去形〉に be 動詞を使うときは，主語の人称や数に関係なく **were** を使う。
(3)「～できたらいいのになあ」という願望は，助動詞 can の過去形 could を使った wish の文で表す。

2 (1)～(3)「～が…したら(いいのに)なあ(と思う)」は**〈主語①＋ wish ＋主語②＋動詞の過去形[助動詞の過去形＋動詞の原形] ....〉**の文で表す。

3 (1)「～がなければいいのになあ」なので，I wish のあとを否定文の形にする。wish のあとの(助)動詞は過去形になるので，didn't を使って否定文の形にする。
(2) for を使うので，「私に夕食を作って」の部分は〈make[cook]＋もの＋ for ＋人〉の形で表す。

STEP 3 得点アップ問題　本冊 P.88

1 (1) wish, knew　(2) wish, were　(3) wish, would

2 (1) wish, lived　(2) wish, could join
(3) wish, were　(4) wish, would[could] come

3 (1) ① making　② held　③ had　④ living
(2) 例：(ロンドンに住んでいる)友達を市にある人気の場所に連れて行くこと。
(3) 例：She wants to make Japanese dishes (there).

4 (1) 例：I wish he would[could] come to this party.
(2) 例：I wish it were sunny today.

5 例：I wish I had a sister.

解説

1 (1) know は不規則動詞で過去形は knew。
(2)「鳥だったらいいのになあ」なので，〈動詞の過去形〉の部分には be 動詞 were を使う。
(3) 2つ目の空所の直後に動詞の原形 clean があることに注目。日本文の内容から，意志を表す will の過去形 would をその前に入れる。

2 元の動詞が一般動詞か be 動詞かに注意する。また，元の文に will や can があるときは would や could にかえること。

3 (1) ① enjoy は動名詞を目的語にとる。　②主語の it は the event を指し，直前に will be があるので受け身の形にする。　③ I wish に続く願望を表す部分なので，過去形で表す。　④ My friend ～ in London が文の主語になるので，現在分詞にして living in London が My friend を修飾する形にする。
(2) 下線部を含む文の前半を参照。〈take ＋人＋ to ～〉は「(人)を～に連れて行く」という意味。
(3)「メアリーはイベントで何をしたがっていますか。」という質問。メアリーの最初の発言2～3文目を参照。

4 (1)「彼が来てくれたら」なので would を使った文にする。
(2) 天気について述べる部分では，主語に it を使う。wish に続く願望を表す部分で be 動詞を使う場合は were。

5 自分自身の願望を書くので，**〈I wish ＋主語＋動詞の過去形[助動詞の過去形＋動詞の原形] ....〉**の文で表す。
例：「私に姉妹がいればいいのになあ」

全訳

3 **ケン**：何を見ているの？
メアリー：市役所でのイベントについてのポスターを見ているの。そのイベントでは，天ぷらや寿司，お好み焼きのような多くの種類の日本料理を作るのを楽しむことができるんだって。私はそれらに興味があるから，イベントで作りたいなって思っているの。
ケン：それはよさそうだね。イベントはいつなの？
メアリー：ええと…。ポスターには，8月13日，その月の第2土曜日に開かれるって書いてあるわ。一緒に参加するのはどう？
ケン：参加する時間があればいいんだけどね。
メアリー：あら，その日は忙しいの？
ケン：うん。ロンドンに住んでいる友達がぼくのところを訪れに日本に来る予定なんだ。彼はぼくに市にある人気の場所に連れて行ってほしいと思っているから，その日はそうしようと思うんだ。
メアリー：そうなんだ。あなたとお友達が一緒に楽しい時間を過ごせるといいね。

20 仮定法② ― If ＋主語＋ were ～の文 ―

STEP 2 基本問題　本冊 P.91

1 (1) were　(2) would be

2 (1) If I were rich (, I could buy a larger house.)
(2) (If she were fine,) we could play tennis with her(.)
(3) If there were not any games (, our life would be boring.)

3 (1) If I were you, I would take a bus.
(2) If you were not[weren't] my friend, I would not[wouldn't] be happy.

解 説

1 「もし～だったら…」は**〈If＋主語①＋were ～，主語②＋助動詞の過去形＋動詞の原形 ....〉**で表す。

2 〈If＋主語①＋were ～，主語②＋助動詞の過去形＋動詞の原形 ....〉の語順にする。(3) は If ～の部分を否定文の形にする。

3 (1) take には「～(乗り物)に乗る，乗って行く」という意味があるので，「バスを利用する」は take a bus で表す。

STEP 3 得点アップ問題 本冊 P.92

1 (1) were, could fly (2) were not, would join
2 (1) were, could help (2) weren't, wouldn't be
3 (1) ① gave ③ watching
(2) (a)例：奇妙な機械
(b)例：過去に連れて行かれた兄[弟]
(3) (a)例：were not
(b)例：go to your house with
(4) (a) see flowers (b) two o'clock
4 (1) 例：If I were you, I would give her a bag. [If I were you, I'd give a bag to her.]
(2) 例：If it were Sunday today, I could stay[be] at home.

解 説

1 (1)「飛んで行けるのに」なので could を使った文にする。
(2)「～じゃなかったら」なので，〈If＋主語＋were not ～〉の形にする。

2 (1)「私は忙しいので，あなたを手伝うことができません」という文。「もし私がひまだったら，あなたを手伝うことができるのですが」
(2)「たくさんの種類の本があるので，この図書館は人気があります」という文。「もしたくさんの種類の本がなければ，この図書館は人気ではないでしょう」。空所の数から短縮形を使う。were not の短縮形は weren't，would not の短縮形は wouldn't。

3 (1) ① yesterday があるので，過去形 gave にする。③ look forward to ～ing で「～するのを楽しみにする」なので，-ing 形 watching にする。

ミス注意!
look forward to のあとは(動)名詞！
× I'm **looking forward to** watch it.
○ I'm **looking forward to** watching it.

(2) ケヴィンの4番目の発言を参照。
(3) 直前のケヴィンの発言と，下線部に続くリナの発言を参照。今から家に行こうと誘われたリナは，ピアノのレッスンや宿題があることを理由に謝っている。このことから，「忙しくなければ，今あなたの家に一緒に行くことができるのに」という意味の英文にする。
(4) (a)「もし晴れていれば，リナは公園で花を見るでしょう」→リナの最初の発言を参照。 (b)「リナが受けなければならないレッスンは2時に終わるでしょう」→リナの最後の発言を参照。

4 (1) 10語で表すので，「彼女にかばんをあげる」は〈give＋人＋もの〉の語順で表す。
(2) 曜日について述べるときの主語には it を使う。

全訳

3 **ケヴィン**：やあ，リナ。悲しそうだね。どうしたの？
リナ：ああ，こんにちは，ケヴィン。花を見に公園に行こうと思っていたんだけど，今朝からひどく雨が降っているでしょ？ だから予定を変えなくちゃいけないの。晴れていたらいいのになあ。
ケヴィン：それは残念だね。
リナ：あなたは今日の午後に何をする予定なの？
ケヴィン：ええと，ぼくたちのクラスメートのサトシが昨日，彼のお気に入りの映画のＤＶＤをくれたから，それを家で見る予定だよ。
リナ：その映画は何についてのものなの？
ケヴィン：兄[弟]を探しに過去へ旅する男の子についてのものだよ。その男の子の兄[弟]は庭の小屋で見つけた奇妙な機械によって過去に連れて行かれてしまうんだ。サトシがそれはとてもわくわくするって言っていたから，見るのが楽しみなんだ。
リナ：それはよさそうね。
ケヴィン：今から一緒に家に行こう。
リナ：本当にごめんなさい。1時から1時間，ピアノのレッスンがあるの。そのあと，私は宿題をしなければならないの。3時にあなたの家で会わない？
ケヴィン：わかった。

21 仮定法③ ―If＋主語＋動詞の過去形 ～の文―

STEP 2 基本問題 本冊 P.95

1 (1) had (2) would go
2 (1) If he practiced harder (, he could be a great player.)
(2) (If she helped me,) I could finish this work (soon.)
(3) (If you traveled to the Edo period,) what would you do(?)
3 (1) If I had time (2) what would you do

解 説

2 (1) (2) 〈If＋主語①＋動詞の過去形～，主語②＋助動詞の過去形＋動詞の原形 ....〉の語順にする。
(3)「何をしますか」なので what で始め，would を使った疑問文の形を続ける。

3 (2)「あなたはどうしますか」は「あなたは何をしま

すか」と考え what で始め，would を使った疑問文の形を続ける。

STEP 3 得点アップ問題

本冊 P.96

1 (1) had, could find (2) got, what would

2 (1) knew, could tell (2) could speak, would go

3 (1) If I lived in London, I would meet Jim (every day.)

(2) If such a thing happened, could we do anything(?)

4 (1) ① found ③ caught ④ becoming

(2) 例：「私が獣医だったら，コロをすぐに助けられるのに」と考えたこと。

(3) (a)例：He came to them ten months ago.

(b)例：He told her to give medicine to Koro after each meal.

5 (1) 例：If I could dance well, I could join the festival.

(2) 例：If I had to live without music, my life would be boring.

解説

1 (1)「もし～すれば[だったら]…」は **〈If＋主語①＋動詞の過去形 ～，主語②＋助動詞の過去形＋動詞の原形 ....〉** で表す。
(2)「何をしますか」なので what で始め，would を使った疑問文の形を続ける。

2 (1)「私は彼女の名前を知らないので，あなたに教えることができません」⇒「もし私が彼女の名前を知っていれば，あなたに教えることができるのですが」
(2)「私は中国に行くつもりはありません，なぜなら中国語が話せないからです」⇒「もし中国語が話せたら，私は中国に行くでしょう」

3 (1)「もし～すれば[だったら]…」は **〈If＋主語①＋動詞の過去形 ～，主語②＋助動詞の過去形＋動詞の原形 ....〉** で表す。
(2)「何かできるでしょうか」は could を使った疑問文の形で表す。

4 (1) ①過去のことを述べた文なので，過去形 found にする。 ③直前に has があるので，過去分詞 caught にして現在完了の文を作る。 ④前置詞 of のあとなので動名詞 becoming にする。
(2) 直前の文を参照。ここでの him は Koro のことを指す。
(3) (a)「コロはいつサクラとサクラの家族のもとに来ましたか」という質問。第1段落3文目を参照。
(b)「獣医はサクラに何をするよう言いましたか」という質問。第3段落4文目の獣医の発言を参照。

5 (1)「ダンスが上手にできれば」なので，could を使った文で表す。
(2)「～なしで」は without ～で表す。仮定法の If ～の部分は過去形で表すので，must は使えない。

全訳

4 サクラは日本の高校生です。彼女は両親とコロと一緒に暮らしています。コロとは彼女の犬で，彼女の家族の一員となって10か月になります。コロを世話することがサクラにとってつらいときもありますが，彼女は彼との時間を楽しんでいます。

ある日，サクラは学校から帰宅し，コロがベッドにいるのを見つけました。彼は具合がとても悪そうでした。そのとき，彼女の両親は仕事で在宅していませんでした。サクラは彼を助けたいと思いましたが，何をしたらよいかわかりませんでした。彼女は彼を獣医のもとに連れて行くことにしました。獣医のもとに行く途中，彼女は「私が獣医だったら，彼をすぐに助けることができるのに。」と考えました。そのことが彼女を悲しませ，そして悔しい思いにさせました。

約30分後，彼女は獣医のもとに到着し，彼にコロを見てほしいと頼みました。獣医はコロの体を調べ，言いました。「心配しないで。彼は風邪をひいてしまっているけれど，そんなに深刻なものではないよ。毎食後，コロに薬をあげてね。そうすれば，彼はすぐに元気になるよ。」サクラはそれを聞いてうれしい気分になりました。

この経験がサクラに将来獣医になるという夢を与えました。現在，彼女はその夢に向けて毎日熱心に勉強しています。

19～21のまとめ

定期テスト予想問題

本冊 P.98

❶ (1) knew, would call (2) wish, were

❷ (1) wish, could go

(2) weren't, would[could] buy

❸ (1) I wish I could learn where he is(.)

(2) If dinosaurs lived, how would the environment become(?)

❹ (1) ① written ④ sent

(2) もし何でもできるロボットを手に入れたら，私たちは幸せになるでしょうか。

(3) (a) 例：何もしなくてもよくなる

(b) 例：多くのものを失う

(4) 例：If I were you, I would take her to Kyoto. She can learn some interesting Japanese history there. / If I were you, I would read a guidebook. It may give you a lot of information about good places to visit.

解説

1 (1)「～であれば…するのに」は**〈If＋主語①＋動詞の過去形～，主語②＋would＋動詞の原形 ....〉**の形で表す。
(2)「～だったらいいのに」は，I wish ～で表す。2つ目の空所の前後に there と no があるので，「～がない」は there were no ～で表す。

ミス注意!
no があるので，not は使わないように注意！
no は肯定文で使って否定の内容を表す。
× there weren't **no** rainy days
○ there were **no** rainy days

2 (1)「パーティーに行けないのが残念です」⇒「パーティーに行けたらいいのですが」
(2)「この腕時計は高いので，買いません」⇒「この腕時計が高くなかったら，買うのですが」

3 (1)「～できたらいいのになあ」なので，I wish I could ～. の文にする。「どこにいるのか」は where を使った間接疑問で表す。

ミス注意!
間接疑問は〈疑問詞＋主語＋動詞～〉の語順！
× learn where is he
○ learn where he is

(2)「どのようになっているでしょうか」は how のあとに would を使った疑問文の形を続けて表す。

4 (1) ①過去分詞 written にして，written by a professional writer が a novel を後ろから修飾する形にする。 ④ last night とあるので，過去形 sent にする。
(2) which could do everything は robots を修飾する。
(3) 直前のエマの発言の内容を参照。
(4) エマは日本のいくつかの場所を訪れたがっている姉をどこに連れて行けばよいかわからず，リクにそのことについて意見を求めている。応答として適切であればよいので，例のように，連れて行くべき場所についての意見を述べてもよいし，情報収集のための方法についての意見を述べてもよい。「私があなただったら…」は If I were you, ... の形で表す。
例：私があなただったら，彼女を京都に連れて行きます。そこでは日本の興味深い歴史を学ぶことができるので。/ 私があなただったら，ガイドブックを読むでしょう。それはあなたに訪れるべきよい場所についてのたくさんの情報を与えてくれるかもしれません。

全訳

4 **リク**：今日のロボットのイベントはとても興味深かったね。
エマ：私もそう思うわ。私はたくさんの種類のロボットを見るのを楽しんだわ。
リク：ぼくもだよ。どのロボットが君にとっていちばん興味深かった？
エマ：教師として働くことができるロボットよ。教えるということはロボットには難しすぎると思っていたから，それを見てとても驚いたわ。あなたは？
リク：小説を書くことができるロボットだね。それを読んだとき，ぼくはそれがプロの作家によって書かれた小説だと思ったんだ。
エマ：なるほど。科学技術はとても速く発達し続けているから，近い将来に私たちの助けとなりうるほかのたくさんの種類のロボットが作られるでしょうね。
リク：ぼくもそう思うよ。エマ，もし何でもできるロボットを手に入れたら，ぼくたちは幸せになるかな？
エマ：ええと，私は幸せになるとは思わないわ。そのようなロボットと一緒に暮らすと，私たちは生活の中で何もしなくてもよくなるでしょうね。それはとてもよいことのように聞こえるかもしれないけど，それは私たちが考える能力などのたくさんのものを失うということを意味するわ。
リク：それは恐ろしいね。だけど，君の意見はぼくにとって興味深いよ。
エマ：ありがとう。ところで，私の姉のシンディーが，昨夜私にメールを送ってきたの。メールで，彼女は来年に日本のいくつかの場所を訪れたいと書いていたわ。彼女をどこに連れて行くべきかを考えたんだけど，いい考えが浮かばなかったの。リク，私はどうすればいいと思う？

入試対策問題 (1)

本冊 P.100

1 (1) ① There are seven (students in the English club). ② 例：She found (that) some of his words were different from the words (which [that]) Mr. Brown used.

(2) same

(3) アパートやガソリン，キャンディーのように，私たちはアメリカ英語をもとにした言葉を多く使っていること。

(4) 多くの異なる文化や考え方について学ぶこと。

(5) **ウ**，**カ**（順不同）

解説

1 (1) ①質問文は「英語クラブには何人の生徒がいますか」である。第1段落の第2文に There are seven students in our club. とあるので部員は7人とわかる。②質問文は「由紀子はスミス先生の英語について彼らの会話の中で何[どのようなこと]がわかりましたか」「会話の中」during their（本文では our）conversation に着目し，同じ語句で始まる第2段落第6文を見つけ，そこから抜き出せばよい。

(2) 第2段落最後の2文で，スミス先生はアメリカ英語とイギリス英語で異なる言葉をいくつか由紀子に教えたことがわかる。そして由紀子が作成した表を見ると，同じ意味を持つがアメリカ英語とイギリス英語とでは表現が異なる言葉が並べられている。したがって，「これは同じ意味で異なる単語の一覧です」という意味の文にすると本文の内容に一致する。前の段落のスミス先生の発言「私の英語と彼の英語は基本的には(basically)同じ」とあるところから，same「同じ」を抜き出して空所に入れる。

(3) 表を見ると，「サッカー」や「エレベーター」のように日本語と近い発音が多いのはアメリカ英語である。第3段落第4文に「私たちはたくさんの言葉をアメリカ英語から使用していると思う」とあり，それが表を使って由紀子が言おうとしたことである。第3段落の最後の文に，For example, として具体的な例が挙げられているので，この部分から抜き出して答えるとよい。

(4) He gave me another reason ... は，「彼（スミス先生）が私（由紀子）に（英語を学ぶ）もう1つの理由を与えた」。another reason はスミス先生が由紀子に与えたものなので，直前のスミス先生の発言から another reason が何なのかを読み取る。第4段落の最後の文 It also ... に述べられているので，この部分を答える。

It means ～ ing で「それは～することを意味する」。learn about ～「～について学ぶ」。

(5) **ア**「英語クラブのメンバーはクラブ活動を毎日学校で行っている」第1段落の第6文 We have ... に不一致。**イ**「ブラウン先生とスミス先生はアメリカから由紀子の高校にやってきた」第1段落最後の文に不一致。**エ**「スミス先生は英語クラブの活動中はアメリカ英語を使う」第2段落の6文目以降に述べられている内容に不一致。**オ**「スミス先生は英語クラブで由紀子のスピーチのために表を作った」第3段落第2文 This is the table ... の内容に不一致。正解は**ウ**「スミス先生は彼のイギリスでの生活について英語クラブの生徒たちに話した」第2段落の第2文の he talked about ... life in his country. と一致。**カ**「イギリス英語の"first floor"はアメリカ英語では"second floor"を意味する」表の内容に一致。

全訳

私は英語クラブのメンバーです。私たちのクラブには7人の生徒がいます。私がこのクラブに参加したのは英語をうまく話す人になりたかったからです。なので私は英語を話す練習をとても熱心にやっています。クラブ活動中は，私たちは英語だけで話すように努めています。クラブ活動があるのは月曜日，水曜日そして金曜日です。私たちの英語の先生であるブラウン先生が，クラブに参加して，私たちはとても楽しい時間を過ごしました。しかしこの夏，彼はアメリカに帰ってしまい，そして新しい英語の先生が私たちの学校にやってきました。名前はスミス先生といって，イギリス出身です。

スミス先生が私たちのクラブに初めて参加したとき，「初めまして。一緒に楽しんで英語を学びたいと思っています。」と言いました。それから先生は，趣味やご家族や，自分の国での生活について話しました。私たちは先生に私たちのクラブのこと，私たちの学校生活，そして熊本のことについて話しました。私たちは英語で先生と話すのを楽しみました。私たちの会話の中で，彼の言葉のいくつかがブラウン先生が使った言葉とは違うことに私は気づきました。それで私は彼に「あなたの使ういくつかの言葉はブラウン先生の言葉と違いますね」と言いました。すると彼は，「私の英語はイギリス英語と呼ばれています。そしてブラウン先生の英語はアメリカ英語です。私の英語と彼の英語は基本的には同じなのですが，少し違う言葉もあります」と言って，いくつか例を示してくれました。

この表を見てください。これはこのスピーチのために私が作ったものです。これは意味が同じでも異なる言葉を表にしたものです。私たちはアメリカ英語からたくさんの言葉を使っていると思います。例えば，私たちは「アパート」「ガソリン」それに「キャンディー」という言葉を使いますが，これらの日本語はアメリカ英語から来たものです。

その日のクラブ活動の最後に，スミス先生はこう言いました。「英語は世界に広がっていて，発達し，変化しています。たくさんの異なる国々で話されているたくさんの種類の英語があります。あなた方は今英語をとても一生懸命練習していますが，英語は言語なのだということを忘れるべきではありません。言語を学ぶというのは話すことだけではないのです。それは多くの異なる文化や考え方について学ぶことでもあるのです。」

彼の話を聞いて私はうれしかったです。先生は英語を学ぶもう1つの理由を私に与えてくれたのです。

入試対策問題 (2)

本冊 P.102

1 (1) ア (2) エ (3) エ (4) ア，イ

2 (1) (Thank you, but it is) difficult for me to write it(.)

(2) (No, that little) boy wearing a cap is (my brother.)

(3) (I can't believe that) there are so many languages used (in the world.)

(4) (These) are the pictures I took(.)

3 (1) イ (2) ウ (3) エ

4 (1) イ

(2) 例：This is my first time to see a *kotatsu*.

解説

1 (1)〈make＋O(人)＋C(形容詞)〉で「(人)を～にする」。前文は「この絵のハンバーガーは本物のように見える」という意味なので，問われている部分は「それは私を空腹にさせる」とする。
(2) a little boy を先行詞にした関係代名詞の文にする。先行詞は「人」で主格なので who を選ぶ。knows how to ～で「～のやり方を知っている」。「私はそのコンピューターの使い方を知っている小さな男の子を知っている。」という文。
(3) 後ろに of all とあるので最上級 the best を選ぶ。「このラケットがすべてのものの中で一番いいと思う。」
(4)「英語の本を持っていますか」とたずねられ，「日本語の本はたくさん持っています，しかし～」と逆接の接続詞 but があるので，英語の本は持っていない，という意味の文にするのが自然。have no ～で「～をまったく持っていない」。また，それを受けて A は B に本をあげようとしている。〈want＋(人)＋to ～〉で「(人)に～してほしい」。

2 (1) 形式主語 it を使った〈it is ... for＋(人)＋to ～〉「(人)にとって～するのは…だ」の文。「私にとってそれを書くのは難しい」となる。
(2) 現在分詞 wearing が that little boy を後ろから修飾する文にする。wearing a cap で「帽子をかぶっている」。
(3) 接続詞 that に続く節なので，語群の語を主語，動詞，と並べ，過去分詞 used の形容詞的用法を用いて languages を後ろから修飾する文にする。「世界で使われている言語がそれほどたくさんあるなんて信じられない。」という意味になる。so many languages を主語にした受け身の文にしてしまうと there が余ってしまう。
(4) 先行詞を pictures とする関係代名詞 which [that] の省略された文にする。関係代名詞を省略しない場合，These are the pictures which[that] I took. となる。

3 (1) 空欄の直後の I mean はすでに話題に上ったものについて，「つまり，～ということである」と説明するときの表現。「宿題はもう済ませたの？」とたずねる A に対し，**イ**の「どの宿題のことを言っているのだ？」を選ぶのが適切。**ア**「それは難しいの？」や**エ**「次に何をするのか知っている？」は会話に合わない。**ウ**は「だれがそれを終わらせたの？」。A は Have you...? と B に向かってたずねているので，会話の受け答えとして不自然である。
(2) 店で買い物をしている場面。店員の May I help you?「何かお探しですか？」に対して「ランニング用の帽子が欲しいのです。」と答えているので選択肢**エ**「見ているだけです。」は不適。**イ**「もう 1 つ別のものをお見せしましょうか？」は店員の言うセリフなので不適切。**ア**「試してみても〔試着しても〕いいですか？」と**ウ**「その色は好きではありません。」が残るが，空所の直後で店員が「こちらの青いのはいかがですか？」と，色について説明しながら次のものを持ってきているので，**ウ**を選ぶのが適切。cool「かっこいい」。I'll take this one. または，I'll get it. で「それを買います。」
(3) 空所のあとに続く Jiro の「まっすぐ行って 3 番目の角を左に曲がってください。」という発言から，Bill がたずねているのは「場所」や「行き方」であると判断する。最も近い郵便局の場所をたずねている**エ**を選ぶのが適切。**ア**は人について，**イ**は時間についてたずねている。**ウ**は「写真の撮り方」なのでいずれも不適切。

4 (1) be interested in ～で「～に興味がある」。
(2) 不定詞を用いて「こたつを見る」＝to see *kotatsu* が「初めての(時，機会)」＝my first time を修飾する形にすると解答例のような文を作ることができる。別解として，「こたつを見るのはこれが初めてだ」を「これまでにこたつを見たことがない」という意味の現在完了の文 I have never seen a *kotatsu* before. とすることもできる。

全訳

4 **勇太**：今日の授業はどうだった？
マイク：だれかが授業でこたつについて話したよ。ぼくはそれに興味があるな。
勇太：こたつ？ それなら今日家でも見ることができるよ。
マイク：本当に？ それはすごい。面白くなってきたぞ。
(マイクと勇太が家に帰ってくる)
勇太：これがうちのこたつだよ，マイク。
マイク：おお！ こたつを見るのは初めてだよ。どうやって使うか教えてよ。
勇太：簡単だよ。スイッチを入れて，入る。こっちに来て，マイクも。
マイク：うーんあったかい。床に座るっていうのもいいものだね！